河北省青少年爱党爱国教育丛书

第二辑　抗日烽火

红色河北

张增良◎主编　张雨贵◎编著

花山文艺出版社

图书在版编目（CIP）数据

红色河北：第二辑　抗日烽火/张雨贵编著. －石家庄:花山文艺出版社, 2018.7（2020.6 重印）
　（河北省青少年爱党爱国教育丛书/张增良主编）
　ISBN 978-7-5511-4090-4

　Ⅰ.①红… Ⅱ.①张… Ⅲ.①革命史－河北－青少年读物 ②抗日战争史－河北－青少年读物 Ⅳ.①K292.2-49 ②K265.09

中国版本图书馆CIP数据核字(2018)第158254号

丛 书 名：河北省青少年爱党爱国教育丛书
书　　名：**红色河北：第二辑　抗日烽火**
主　　编：张增良
编　　著：张雨贵

责任编辑：董　舸
责任校对：李　伟
封面设计：景　轩
美术编辑：胡彤亮
出版发行：花山文艺出版社（邮政编码：050061）
　　　　　（河北省石家庄市友谊北大街330号）

销售热线：0311-88643221/29/31/32/26
传　　真：0311-88643225
印　　刷：大厂回族自治县正兴印务有限公司
经　　销：新华书店
开　　本：787×1092　1/16
印　　张：6.75
字　　数：70千字
版　　次：2018年10月第1版
　　　　　2020年6月第2次印刷
书　　号：ISBN 978-7-5511-4090-4
定　　价：19.80元

充分利用乡土教材

培育爱党爱国情怀

顾秀莲 二〇一七年
七月二十四日

丛书编委会

序言　为了祖国的明天和未来

　　活泼可爱的儿童是祖国的花朵，朝气蓬勃的青年一代是中国的希望和未来。少年强则中国强，青年智则民族兴。关心青少年，就是关心祖国的明天；爱护青少年，就是爱护民族的未来。以习近平总书记为核心的党中央，非常重视青少年的培养和教育，始终把关心和培养祖国下一代，置于民族发展战略的高度来抓，强调"做好关心下一代工作，关系中华民族伟大复兴"，要"团结教育广大青少年听党话、跟党走"。习近平总书记语重心长地对孩子们说："今天做祖国的好儿童，明天做中国的建设者。美好的生活属于你们，美好的中国梦属于你们。"并指出：要对青少年进行党史和国史教育，以使他们更高地举起旗，接好班，使中国更雄伟地屹立于世界民族之林。中国关心下一代工作委员会主任顾秀莲同志指出："党史国史内容丰富、博大精深，是我们党丰富的思想宝藏。党史国史教育作为青少年理想信念教育的基础工程，必须坚持以立德树人为根本任务，占据理想信念制高点，突出重点，务求实效，充分发挥党史国史教育的综合育人功能，以史树德、以史增智、以史育美、以史创新，促进青少年德智体美劳全面发展。"中共河北省委书记赵克志同志指出："要认真学习贯彻习近平总书记关于做好关心下一代工作的重要指示，坚持服务青少年的正确方向，着力加强青少年思想道德建设，教育引导青少年树立和践行社会主义核心价值观，听党话、跟党走，做中国特色社会主义事业的合格建设者和可靠接班人。"组织编写《河北省青少年爱党爱国教育丛书》，就是河北省关心下一代工作委员会认真贯彻落实习近平总书记重要指示精神的一项举措。

要抓好党史国史教育，就必须把丰厚的教育资源转化为教育成果。河北省属京畿重地，濒临渤海，背靠太岳，携揽"三北"，战略地位十分重要。河北是一片孕育文明的热土，最早迎来人类文明的曙光。当一万多年前人类还处于茹毛饮血的原始状态时，河北的先民就学会了农业种植，掌握了家禽养殖，用聪明才智和勤劳的双手，创造出了东方人类的生活文明。河北是一片神奇的土地，大自然的鬼斧神工造化出迷人的景色，闪烁着无穷的魅力，让世人叹为观止。太行燕山，赤壁丹崖，谷幽峰奇；渤海浪涌，海鸥翻飞，巨轮鸣笛；更有璀璨明珠般的淡水湖泊白洋淀、衡水湖，横卧在著名的华北大平原上，焕发着迷人的英姿。这里不仅有良好的生态环境，还拥有深厚的文化底蕴。河北也是一片文化的沃土，珍藏和记载了几千年的传奇。翻开厚重的史册，在河北这片土地上，不仅出现过像曹雪芹这样的文学大家，李春这样的能工巧匠，更有众多生活在基层的平民百姓，创造和推动着文化繁荣。而被尊称为戏剧活化石的傩戏，更是吸引了全世界的目光。河北更是一片红色的热土，耸立着一座又一座英雄丰碑。摧枯拉朽的燎原烈火，就是从这片英雄的土地上较早地点燃。伟大的革命先驱李大钊，以在中国传播马克思主义和创建中国共产党的伟大实践，奠定了他在中国革命历史上的崇高地位，更以其"铁肩担道义"的牺牲精神，成为中华民族的革命先驱。在河北这片热土上，不仅有全国第一个农村党支部——安平县台城村党支部的诞生地，也有中国北方苏维埃政权的试验田。河北不仅有良好的革命传统，而且英雄辈出，抗日战争期间，白洋淀水上游击"雁翎队"、回民支队、狼牙山五壮士等英雄事迹蜚声国内外。而中国革命战争最后一个农村指挥所——西柏坡，更是在广大人民心中享有和韶山、瑞金、延安一样神圣地位的红色纪念地。以毛泽东同志为核心的党中央在西柏坡时期的辉煌历史和成功经验，铸就了伟大的西柏坡精神。西柏坡精神是井冈山精神、长征精神、延安精神的继承、延续和发展，具有鲜明的时代特征。在这片光荣而多彩的土地上，有着取之不尽、用之不竭的教育资源，为加强对青少年进行党史和国史教育，提供了雄厚的基础和良好的条件。如何努力把这些资源优势转化成教育成果，是我们义不容辞的一项任务，也是我们必须肩负的历史责任。

要抓好党史国史教育，就要针对青少年的特点，有的放矢地开展工作。只有实施精准教育，才能收到理想的效果。青少年是一个特殊的群体，正处于长身体长知识的重要时期。如何对他们开展党史和国史教育，是一项科学而重要的工作。要使这项工作取得良好成效，必须要把握好四个重点：

第一，要明确教育的宗旨和目的，培养孩子们的理想和信念。对青少年进行党史国史教育，根本目的就是要让他们知道：今天的幸福生活不是从天上掉下来的，而是我们的先辈凭着勤劳、勇敢和智慧，经过漫长的岁月创造出来的。今天的和平生活，也不是凭空而来，而是无数革命先烈用他们的热血和生命换来的。要让他们从小就懂得珍爱和平岁月，不忘革命历史，在幼小的心灵播下革命的种子，牢固树立感党恩、跟党走的理想和信念。

第二，要针对青少年求知欲强的特点，尽可能地开拓他们的知识视野。我们编写的《河北省青少年爱党爱国教育丛书》是青少年的课外读物，通俗易懂，趣味性强。各级关工委和广大"五老"要用青少年容易接受的思维和方法，运用青少年喜欢的语言，讲好青少年喜闻乐见的故事。

第三，要注重家庭、注重家教、注重家风，促进家校合作，办好家长学校，推动家庭文明建设。家庭是社会的细胞，家和万事兴，家庭是子女教育的摇篮。要高度重视家规、家教、家风教育和传承，弘扬优秀家规、家教、家风；涵养新时代的美好家风，是落实和践行社会主义核心价值观的重要基础。治国先治家，优良的家规、家教、家风是治家教子、立身处世的载体，是中华民族优秀传统文化的重要内容，这不仅是对青少年教育的真谛，而且对未来成年人、对党员干部的品德、修养，直至遵规守法、廉洁自律、忠诚报国、公正法治、诚信友善等都将奠定深厚的基础。因此，学校、家长和广大"五老"一定要把这套系列丛书内容融入家庭、家教、家风的教育中，努力办好家长学校，推动社会主义核心价值观在家庭文明建设中落地生根。

第四，要长期坚持，让青少年在潜移默化中受到教育。教育青少年一代热爱党、热爱祖国，是一项长期的战略任务，必须长期坚持，才能收到理想的效果。编写这套爱党爱国教育丛书，只是众多方式和方法中的一个有益尝试。除了与时俱进，认真编写，争取年年都有新内容，书书都有新特点外，还应该利用影视、戏剧、广播等多渠道、多形式更广泛地开展党史国史教育。

为适应上述四点要求，在切实抓好党史国史教育的同时，还必须认真总结经验，吸取各地先进经验，力争不断提高。对青少年进行党史和国史教育，每年都应该有所进展，有所提高。这就要求我们必须认真总结经验，不断探索新途径，尝试新方法。这套丛书的出版，让人们欣喜地看到，河北省关工委给青少年朋友办了一件好事、实事。我深深感受到，这套系列丛书总体上编写思路清晰、目标任务明确、教育重点突出。各位编著者在编写上是下了功夫的，在组织稿件上切实把握住了党史国史教育的宗旨、内涵以及青少年的阅读特点，体现出了为青少年量身定制的特点。而且这不同于一般的教材，每一册都围绕着编写主旨，集中表达一个主题，体现了时代性和适应青少年阅读兴趣，是一套容易受到青少年喜欢的读物。按照这样的思路，接连不断地编写下去，日积月累，必定能够收到"润物细无声"的理想效果。我们一定要把这件事作为关心和培养下一代的一项重要工作抓紧抓好，为孩子们架起一道道理想的彩虹，谱写出一曲曲迎接光辉未来的动人之歌！

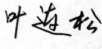

2017年7月19日

前　言

　　1937年7月7日，在中国历史上是一个用黑体字记载的悲怆日子。就在这个看似平常的一天，在北京的郊外，发生了震惊中外的卢沟桥事变，也称七七事变。从这一天开始，饱尝屈辱的中国将掀开一页悲壮的历史。

　　卢沟桥事变，看起来是因为偶然发生的一件小事引起的，但背后却隐藏着日本侵略者蓄谋已久的大阴谋。

　　早在1927年7月，时任日本首相的田中义一，就呈给昭和天皇一份题为《帝国对满蒙之积极根本政策》的秘密奏章。其主要内容是："惟欲征服支那，必先征服满蒙。如欲征服世界，必先征服支那。倘支那完全可被我国征服，则其他如小中亚细亚及印度南洋等，异服之民族必畏我敬我而降于我，是世界知东亚为我国之东亚，永不敢向我侵犯。"那意思就是说，只要把中国征服了，日本称霸世界的野心就可以实现了。而卢沟桥事变，正是日本侵略者欲征服世界狂妄野心的一个步骤。他们借口在演习中一名士兵失踪，强行要进入宛平城内搜寻。在遭到中国守军的拒绝后，便悍然向宛平城开枪开炮，用罪恶的肮脏之手，再次点燃了侵略中国的战争火焰。

　　卢沟桥事变后，日本帝国主义便撕下了蒙在脸上的遮羞布，加快了全面侵略中国的进程。他们在"欲以铁与血主义实保中国东三省"的同时，还恬不知耻地觊觎着更加广阔肥沃的中国土地。在战争阴云的笼罩下，大地上弥漫着一股浓郁的恐怖气息。东三省同胞被日本侵略者铁蹄任意践踏蹂躏的命运，即将降临到每一个中国同胞的头上。侵略者隆隆的炮声在严正警示：

平津危急！

华北危急！

中国危急！

中华民族已经到了最危险的时候！

沧海横流，方显出英雄本色。国难当头，更见爱国忠贞。就在卢沟桥事变爆发后的第二天，中国共产党中央委员会就立即通电全国，用坚定而高亢的声音疾呼："日本帝国主义武力侵占平津和华北的危险，已经放在每一个中国人的面前"，"全中国的同胞们！平津危机！华北危机！中华民族危机！只有全民族实行抗战，才是我们的出路！我们要求立刻给进攻的日军以坚决的反攻，并立刻准备应付新的大事变"。通电号召，"武装保卫平、津，保卫华北！不让日本帝国主义占领中国寸土！为保卫国土流最后一滴血！全中国同胞、政府与军队团结起来，筑成民族统一战线的坚固长城，抵抗日寇的侵略。"

中国共产党的通电，表明了坚决反对日本帝国主义侵略的坚定立场，大大激发了全国人民特别是华北人民的抗战决心。

然而，蒋介石始终把中国共产党视为心腹之患，必欲铲除干净方快之。虽然在中国共产党的努力下，他有惊无险地度过了"西安事变"的危机，但在国难当头之时，还念念不忘"攘外必先安内"的愚顽政策。为了促成全国统一战线的形成，团结起一切可以团结的力量，共同抵御倭寇的侵略，中国共产党把民族的利益放在至关重要的地位上，不计本党的地位高低，多次致电蒋介石，表示"红军将士，咸愿在委员长领导之下，为国效命，与敌周旋，以达保土卫国之目的"。

中国共产党在民族危难关头所表现出来的高风亮节，不仅博得了社会各界、各民族人民的拥护和支持，也封住了蒋介石继续打内战的种种借口。在民族危机不断加深的严重现实面前，经过中国共产党的不懈努力，1937年7月17日，蒋介石被迫在庐山发表了《对卢沟桥事件之严正声明》，号召"地无分南北，年无分老幼，无论何人，皆有守土抗战之责，皆应抱定牺牲一切之决心"，抗日民族统一战线终于得以建立。

卢沟桥在北京，北京被河北环围。抗日民族统一战线形成后，地处抗日前沿位置的河北，便立即被全国所瞩目。为此，党中央和毛主席对华北特别是河北的抗日工作，做出了专门的指示和部署。

1937年9月25日，毛泽东指示周恩来、刘少奇以及负责北方局工作的杨尚昆："整个华北工作，应以游击战争为唯一方向。一切工作，例如民运、统一战线等等，应环绕于游击战争"，"要告诉全党，今后没有别的工作，唯一的就是游击战争"。

要开展游击战争，就必须建立牢固的根据地，没有牢固的根据地，游击战争就不能长期坚持。因此，中国共产党支持人民自由组织抗日武装队伍，主张让人民武装起来，发给人民枪支，帮助人民武装，不断壮大抗日队伍。还特别指示：应令河北党致力于游击战争，借着红军抗战的声威，动员群众，收编散兵散枪，普遍地但是有计划地组成游击队。

河北人民没有辜负党和毛主席的殷切期望，在异常艰苦的条件下，党组织充分发动人民群众，广泛组织并不断壮大抗日游击队伍，在敌人的后方建立起一个又一个抗日游击根据地，采用灵活多变的战略战术，沉重地打击了日本侵略者，创造了一个又一个战争奇迹，谱写出了一曲又一曲壮丽而辉煌的抗日篇章。

河北人民在抗日战争这部恢宏的史剧中，精彩的故事宛如天上的星辰，一颗比一颗明，一颗比一颗亮，从哪里说起好呢？上一辑的最后一章，是在平山县滹沱水电站结束的，那我们这一辑就还从平山县说起吧。滹沱水的水资源点燃了新中国的第一盏灯，而平山县雄厚的人力资源，则组建起了我军历史上最早以县域名称命名的抗日武装——平山团。为了夺取抗战的胜利，一批又一批平山热血青年，壮怀激烈，前赴后继，英勇无畏地拼杀在战火纷飞的战场上，谱写出了一曲又一曲气壮山河的英雄史诗。

目　录

第一章 抗日子弟兵 铁血平山团

卢沟桥的枪声震撼了中国，抗日的烽火迅速燃遍了中华大地。全面抗战一爆发，一千多名太行儿女，放下锄头，拿起刀枪，从河北省平山县的村村寨寨中走出来，加入了抗击日本侵略者的战斗行列。这支被誉为"太行山上铁的子弟兵"的抗日武装，在抗日战争中立下了赫赫战功，创造了人民战争的奇迹，树立起了一座不朽的丰碑。这支由农民组建起来的抗日武装，就是威名赫赫的八路军"平山团"。那么，这支部队是怎么组建起来的，又有哪些光辉的业绩呢？我们还是从头说起吧！

这片红色的土地

1937年9月，秋风萧瑟中，一位八路军首长，带着十几名战士，精神抖擞地行走在平山的深山峡谷中。当地的百姓们，自从卢沟桥事变后，一日三惊，见惯了不时掠空而过的敌机，惊慌失措南撤的国民党部队，还是第一次看到迎着日军炮火北上的军人。于是，对这十几个穿着灰色军装的军人都感到惊奇。在中华民族的危急关头，他们来这里干什么呢？

原来，这位带队的首长是八路军359旅的旅长王震。这次到平山来，主要任务就是落实党中央毛主席指示，来这里开辟抗日根据地的。然而，要创建根据地，就必须创建革命武装。因为只有创建起人民自己的武装，才能开辟抗日根据地，也才能巩固抗日根据地。王震这次来平山，就是要组建一支共产党领导的抗日武装。

王震所在的120师，分布在冀西的广大区域，可以说回旋的余地很大。那么，为什么要把平山作为首选之地呢？

因为平山是革命老区，拥有坚实的党的基础，广大人民群众早就树立了跟着共产党走的坚定信仰。

地处滹沱河东侧的霍宾台村，早在1931年的夏天，就建立起了全县第一个农村党支部。该村村民李法庄，不仅是平山县的第一位农民党员，也是第一位农村党支部书记，还担任过平山县的第二任县委书记。这个县的霍宾台村、天井村、南古月村，共产党员在村民中都占有很大的比例。卢沟桥事变后，党的队伍更是不断发展壮大，很多村都相继建立起了党的秘密支部。据党史有关资料记载，当时平山县的共产党员，已经达到了七百多名。拥有这样雄厚的政治基础，具有丰富政治工作经验的王震，来平山建立抗日武装，当然是再理想不过了。

当然，王震之所以先来到平山，还有一个更重要的原因，就是这里具有开展武装斗争的基础。在抗日战争爆发之前，追随李大钊投身革命事业的共产党人栗再温，就组建起了一支平山红军游击队，在群众中赢得了很大的声望。这个县的下口村，有一家盐店。店主马七子囤积居奇，欺行霸市，无恶不作，民愤极大。为了伸张正义，栗再温带着红军游击队，一举砸毁了下口马家子盐店，并镇压了恶贯满盈的店主马七子，广大百姓无不拍手称快欢欣鼓舞。

在平山这片英雄的土地上，王震对抗战的未来充满了信心。平山县的党组织和人民，果然没有让王震失望。

9月28日，王震率部来到平山洪子店镇后，向中共平山县委传达了党中央关于开展敌后游击战争，创建抗日根据地的指示，强调指出当前的首要任务是扩军。

听完王震的传达，中共平山县委立即表态，一定要完成上级交给的扩军任务，把最优秀的平山青年输送到抗日前线。此时的平山，刚刚成立了抗日县政府。这是抗日战争爆发后，在晋察冀边区建立的第一个抗日县政权。刚刚上任的抗日县政府县长徐达本，在听了王震的传达后，也立即表态，一定要把扩军工作，当成抗日县政府的首要任务来抓。

冀西特委的李德仲、栗再温等领导同志闻讯后，也紧急赶到了洪子店，以进一步加强对扩军工作的领导。

10月7日，八路军战地救亡工作团、冀西特委、平山县委合编成十余个扩军小组，和陈宗尧、刘道生、李铨等八路军干部，形成了一股合力，拧成了一股力量，全部身心都投入到了扩军，当时叫"扩红"的工作中去，"扩红"工作轰轰烈烈地开展起来了。这么大规模的"扩红"，在平山还是第一次，大家的热情虽然很高，但心里却没有底。毕竟参军打仗，是冒着生命危险的事情，世世代代靠种地为生的农民，舍不舍得把自己的亲骨肉送到抗日战场上去呢？

拿起刀枪就是兵

扩军小组走到哪里，就把抗日的标语写到哪里贴到哪里；走到哪里，就把抗日的歌曲唱到哪里；走到哪里，就把抗日的道理宣传到哪里。国难当头，为保家卫国，挽救中华民族的危亡，放下锄头，拿起刀枪，到抗日前线去！杀鬼子，保家乡，成了当时平山县的时代最强音。

为了高标准、高质量地完成"扩红"任务，平山县委连夜召开会议，向各级基层党组织传达了党中央建立抗日根据地的精神，并具体布置了当前的扩军工作，要求共产党员率先垂范，积极参军，到抗日的前线去，到抗日最需要的地方去。

县委的号召如同清新的山风，迅速地传遍了平山的村村寨寨，立即在全县掀起了一股参军抗日的热潮。当县委的号召传达到西部深山里的猫石村时，该村的共产党员、县委委员梁雨晴，第一个举起了拳头，积极报名，要求参加到抗日队伍中去。

八路军干部对民众进行抗日动员

在梁雨晴的垂范下，青年杜志民、赵祥祥、崔庆山、崔二秃、郄三狗、姜哲、史吉吉、史二脏等共产党员，也热血偾张地踊跃报名，加入了八路军的行列。由于有梁雨晴这样一些共产党员模范带头，这个只有60户人家的偏僻小山村，第一批就有34名青壮年报名参加了八路军。

来猫石村开展扩军工作的领导，是359旅的团长陈宗尧。别看他年纪不大，却是一个老资格的红军团长，连毛主席都赞誉他是八路军的"模范团长"呢！早在红军时期，他就是一位骁勇善战的猛将。虽然他经历过很多次扩军，然而，像平山儿女这样踊跃参军的场面，他还真是第一次看到。看着这些朝气蓬勃的青年后生，他的心里充满了激情和豪迈，当即将这些新战士编为第1营第1连第1排，并任命梁雨晴为排长。

　　陈宗尧带领着梁雨晴这一排人，翻山越岭，沿滹沱河东行，没有用多长时间，就来到了霍宾台。这个村子虽然看上去不那么显赫，却具有光荣的历史。该村是平山县党组织创建人于光汉的家乡，是平山县最早播下革命种子的地方。抗战爆发后，于光汉再次回到家乡，组织起了一支60多人的抗日游击队，其中共产党员15人。看到陈宗尧一行人的到来，这村的共产党员和游击队员都十分高兴，也十分激动。平山县的第一位农民党员、第一位农村党支部书记，还担任过第二任县委书记的李法庄，第一个报名参加了八路军。其他游击队员也纷纷报名，踊跃参军。他们被陈宗尧编为第1营第1连第2排，李自林任排长。

　　看着队伍越来越壮大，陈宗尧的心里充满了喜悦，也对未来更加充满了信心。他带着这支队伍继续向东，在滹沱河南岸的大吾村一带，又动员了几十个青年参加到了队伍中来，成立了第1连第3排，由赵祥祥任排长。到这时，他组建起来的这支队伍，已经达到了一个营的规模。

　　陈宗尧在没有钱、没有物、两手空空的情况下，仅仅依靠宣传动员，依靠自己特有的亲和力、说服力，走一村带一村，走一路影响一路，把一批又一批青年吸引到了八路军的队伍中来，创造了征集兵员的历史奇迹。其中，仅田兴村就有47人参加了八路军，并出现了兄弟双双入伍、父子一同参军的动人景象。他的队伍像滚雪球一样越滚越大，阵势越来越壮，人数也越来越多。

好铁要打钉，好汉要当兵

　　参军打仗，就意味着拿起刀枪冲进战场，去拼命，去厮杀，去流血，去牺牲。寒风凛冽吹战袍，古来征战几人回？就是因为当兵打仗有生命之危，所以民间流传着"好铁不打钉，好汉不当兵"的俗语。但在外敌侵略，国家存亡的危难时刻，英雄的平山人民却把这句俗语倒改了过来，树立起了"好铁要打钉，好汉要当兵"的慷慨豪情。他们不仅说在口上，而且用行动诠释了一个公民保家卫国的责任。

那一年，八路军先遣队来到了平山县的田兴村，在村子里设立了招兵站。登记的桌子还没有摆平，便有很多青年围了上来，问这问那，一个个摩拳擦掌，纷纷要求参加到八路军的行列里来。先遣队的同志要求大家排好队，一个一个登记，围着的人秩序才井然起来。可排着排着，却排出来一个十来岁的小男孩儿。

招兵的同志抚摸着这个小男孩儿的脑袋，笑着问："你排什么队啊？看你还没有枪高呢，怎么能扛枪上战场呢？"

没想到这小男孩把脖子一拧，哼了一声，说："我和俺爹一起来的，亲爷儿俩，要我爹，咋就不要俺呢？"

这时，刚登记完的一个壮年汉子过来解释说："他是俺儿子，俺们爷儿俩啊，要一起上战场抗日呢！"

见是这种情况，负责登记的战士商量了一下，便把这父子俩都登记上了。虽然登记的人很多，但登记的同志都印象深刻地记住了这个小男孩儿的名字，他叫张童和，刚满12岁。

然而，要想加入八路军，可不像张童和想象的那么简单。他虽然报上名了，但能不能当上八路军，还有好多关口要过呢。这不，他跟着队伍才来到了洪子店，便被体检这一关给卡住了。征兵的负责人告诉他说："你年龄太小了，还没有成年呢，不符合当兵的条件。"并嘱咐他回家好好读书，等长大了再来参军入伍。按照有关规定，部队还给了他一块大洋和一包咸盐。

当听到八路军不要他时，张童和便"哇"的一声哭了。虽然大洋和咸盐在当时都是十分稀缺的物资，但张童和却一点也不稀罕。哭着闹着要当八路军。他爹也在旁边替他说好话，最后惊动了八路军的领导，才破例让他加入了队伍，被编进了平山团政治处宣传队。

张童和父子虽然都在平山团，可自从参军以后，由于天天行军转移，战事频繁，父子俩再也没有见过面。直到全国解放后，张童和回家探亲，才得知父亲已经牺牲。

类似张童和父子的故事，在平山数不胜数。流行的一首歌，诉说了当时平山人的心境。"母亲叫儿打东洋，妻子送郎上战场。最后一碗米，用来交军粮；最后一尺布，用来做军装。最后的老棉袄，盖在担架上。最后的亲骨肉，送去上战场。"

正因为党的种子深深地扎根在平山这块热土上，培育起了民众勇于担当的家国情怀，所以仅仅在一个多月的时间里，便在平山这个不大的山区小县，征集起了1500多人的队伍，占据了359旅兵力的一半。由于这一千多英雄儿女，大部分都是平山人，所以便在八路军的编制序列里，诞生了一个光荣的铁血团队——平山团。

首战告捷威名扬

首战告捷威名扬

11月7日，在父老乡亲的欢送下，新建起来的平山团，战士们身着戎装，扛着长枪，抱着血洒疆场誓与日寇拼杀到底的决心，告别家乡的父老乡亲，由洪子店镇开赴盂县上社359旅驻地。

平山团的正规编制是八路军120师359旅718团。团长就是看着这支部队组建的陈宗尧。1908年9月24日，陈宗尧出生于湖南省茶陵县严塘镇井头村一个农民家庭，1926年参加革命，1927年加入中国共产党。1932年参加红军，任独立营政委。红军长征到湘西时，他被调到红49团任政治委员。1935年，该团扩编为师，陈宗尧任参谋长兼政治部主任。

陈宗尧虽然是湖南人，但他对平山团的战士们格外亲切，而他也把自己当成了平山人。因为几乎就是在建立平山团的同时，他和太行山里的姑娘、县妇联主任田英杰喜结良缘，成了太行山人的女婿。他暗暗下定决心，一定要像爱自己的亲人一样，爱护平山团，在与敌寇作战中打出平山团的威名。

平山团果然没有让父老乡亲们失望，离开平山不久，就在山西崞县田家庄，打响了平山团成立以来的第一仗，全歼日军150人。首战告捷，一战成名。

1938年初夏，侵占山西的日军抽调部分兵力由同蒲路开赴山东。得知情报后，120师首长即命359旅开赴同蒲路北段阻击日军。按照旅长王震的部署，陈宗尧带领718团主力附工兵一个排，向原平至崞县段出击。

5月7日，781团一营首先向日军工庄据点发起攻击，歼灭日军一个中队。

5月10日晚，一营又发起了攻打日军龙泉庄据点的战斗。陈宗尧根据形势，率二营和三营连夜赶到原平以北的田家庄设伏，以阻击日军由原平方向来的援兵，支援一营的战斗。田家庄属于山西崞县，离原平县城有二十里左右，是原平到崞县的必经之地。

5月13日凌晨，埋伏在最前沿的三营一排战士范明堂隐隐约约听到远处传来一阵轰鸣声，而且响声越来越大，便问他身边的排长范银春："这是什么声音啊，不像是打雷啊？"

排长沉稳地说："别嚷，敌人的汽车来啦！"范明堂突然意识到不能说话，赶紧捂住自己的嘴巴。战士们迅速做好了战斗准备。

三营前沿指挥所里，营特派员刘德元发现日军一共来了10辆汽车，每个车上约30个人，走在前面的是30多人的骑兵。看到日军车子开得很谨慎，刘德元不禁有些担心起来。因为地雷是用坛坛罐罐制成的大家伙，虽然威力大，却不容易隐藏，路面上留下了一些痕迹。眼看就要进入伏击圈，日军的汽车在公路上停了下来，骑兵队变成搜索队形，向村庄慢慢移动。刘德元见状，果断发出了战斗命令。范银春立即拉动了手中的引线，地雷顿时猛烈炸响，前面的两辆汽车被掀翻，后面汽车上的日军慌忙下车。三营指战员不让敌人有排兵布阵的机会，各种轻重武器一齐开火，打得日军抬不起头来。

陈宗尧在另一个山头上举起望远镜，观察了三营的战斗后，命令作战参谋刘仁、团政治部主任李铨赶往前线，通知八连连长顾英洲带领部队把敌人的退路切断。

李铨和刘仁走后，陈宗尧把指挥所设在与三营阵地只隔一条山沟的山坡上，让身边的战士迅速做好战斗准备。

陈宗尧见敌人架起炮来，立即让司号长吹号，命令三营往后撤退。三营撤离阵地后，敌人向陈宗尧的指挥所攻了过来。号音未落，司号长就被敌人的子弹击伤了头部。战友潘世征立即冲过去为他包扎。陈宗尧见潘世征的头抬得有点高，连忙朝他喊道："你给我把脑袋瓜低下点，中弹了我赔不起！"

陈宗尧随即让身边的战士投掷手榴弹。战斗中，警卫员王兴之和潘世征伏在陈宗尧身边，帮他拧手榴弹盖。陈宗尧从他们手中接过手榴弹，一个接一个地朝着敌群扔去。潘世征拿起手榴弹扔了一个，陈宗尧见手榴弹的落点不错，炸倒了几个敌人，就问潘世征说："过瘾吧？""潘世征还没回答，王兴之也跟着投了一个。但是，由于投弹的时间没把握好，手榴弹落在敌群中后没有立即爆炸，被敌人捡起扔了回来。千钧一发之际，司号长猛一下捡起手榴弹又投了出去，"轰"的一声，手榴弹在敌人中间炸响了。

见到二营战士切断了敌人的后路，陈宗尧一时忘了司号长已经受伤，当即命令："吹号，全线出击！"司号长也不顾自己的伤痛，使劲地吹起了冲锋号。

听到冲锋号声，718团的战士纷纷跃出战壕，操起大刀杀向敌群，与敌人展开了激烈的肉搏战。手上有手榴弹的，就拿起手榴弹，向敌人头上就是一阵猛砸。什么都没有的，就捡起石头当武器。虽然这时候大多数新兵在体力和格斗技术上不如敌人，但没有一个胆怯的。一个打不赢，就两三个对付一个。二营战士王大力看到日军中队长正拿着指挥刀朝一个战士劈来，立即冲过去徒手夺刀，被敌人砍下四根手指头，依然忍痛与日军中队长厮杀，直到这家伙被三营长一枪击毙。二营八连与三营十连从两面夹击，将敌人全部歼灭。

陈宗尧带领的平山团，刚出征就打了一个漂亮的伏击战。捷报传到延安，毛泽东十分高兴，欣然挥毫写道："英勇善战的战斗英雄陈宗尧同志！"表扬的虽然是陈宗尧，但陈宗尧的身后，却是光荣的平山团！

前仆后继血脉长

平山团建立后，在团长陈宗尧的正确领导下，单独或配合晋察冀军区兄弟部队，在平山的洪子店，灵寿的陈庄，阜平城、王快村、城南庄，灵丘的龙王庙、作新村、黄台寺，五台的神堂堡、上下细腰涧等地，进行了较大的伏击战和运动战，为粉碎日寇对晋察冀边区的"扫荡"，扩大和巩固太行山抗日根据地，作出了巨大而积极的贡献。

然而，打仗毕竟是要付出代价的，流血和牺牲在所难免。平山团组建时虽然拥有1300多人，但每一次战斗下来，都会有或多或少的战斗减员。尤其是一些大的战役，减员的数量更是让人痛心疾首。如果兵员得不到平山县子弟的迅速递补，平山团这个英雄的名字，很快就会在波澜壮阔的抗日洪流中淹没。让人感动和敬佩的是，平山团一批英雄青年倒下后，立即就有一批热血男儿跟上来。拿起哥哥们拿过的枪，义无反顾地继续战斗在与日寇搏斗的战场上。

在上下细腰涧歼灭战中，平山团的战士王家川，看见阵地前的日本鬼子，气就不打一处来。他机智沉稳，把对日本侵略者的仇恨，全都集中在枪口上，几枪就击毙了几个往上冲的敌人。可就在他正要继续向敌人射击时，一颗流弹击中了他。随着一股热血从胸前涌出，这个平山县的优秀儿子，便倒在了抗击日寇的战场上。

王家川牺牲后的第九天，平山团政治部的办公室里，进来一位风尘仆仆的青年，一脸的严肃，情绪很激动，一时说不出话来。

政治部的同志愣了一下，问："同志，你有什么事吗？"

那年轻人挺了一下胸膛，说："俺是来顶替王家川当兵的。第一个王家川战死了，但第二个王家川还活着。"

政治部的人赶紧问："你叫什么名字？什么地方人？"

"平山人，就是王家川那个村的，俺也叫王家川！"虽然他说的是一口平山话，但"王家川"这三个字，说得一板一眼，清清楚楚，铿锵有力。

接待的同志一听他也叫王家川，就上下打量这个青年。哼，还别说，从个头、身段、脸庞，还有说话的那口气，倒真像刚牺牲的战斗英雄王家川。这小伙子是不是王家川的双胞胎兄弟啊？于是，便试探着问："你是王家川的兄弟吧？"

年轻人点了点头，说："是！"

要是这样的话，那就对了。可政治部的同志，还是有些问题要和他协商。"你来参军抗日，我们热烈欢迎。可是你的名字肯定不叫王家川，你就说你的真名吧。你要是参军，就不能再叫王家川。"

年轻人不同意，梗着个脖子问："凭什么俺不能叫王家川？俺就要叫王家川。俺没有别的名字，就要叫王家川。"

政治部的同志耐心地向他解释说："因为王家川是烈士，他的名字已经上了烈士光荣册，而且还发放了抚恤金，你要是再叫王家川，那不就乱套了吗？"

年轻人着急地带着哭腔大声嚷道："不沾，就是不沾！俺一定要叫王家川！王家川不仅是一个人的名字，更是英雄称号。不仅俺要叫王家川，就是俺打仗牺牲在了战场上，俺家里还有一个16岁的弟弟，还会接过我的枪，继续当兵上前线，他的名字也要叫王家川。除了俺家弟兄，俺村还有上百个青年，他们的名字都叫王家川。战死一个王家川，又站起来一个王家川。王家川前仆后继，是牺牲不完的！"

这位自称也叫王家川的青年，就是在上下细腰战斗中牺牲的英雄王家川的弟弟王三子。在全家的支持下，王三子步行几百里山路找到平山团部，要求接过哥哥的枪继续战斗，并顶替哥哥的名字仍叫"王家川"。王氏兄弟的事迹感人至深，团部当即答应了他的要求。后来，《抗敌报》特别发表了王家兄弟前仆后继、英勇杀敌的通讯《王家川没有死》。

正是这种前仆后继的顽强精神，平山县人民把自己的亲骨肉，一批又一批地送上了抗日战场，有力地延续了平山团的兵员血脉，使得平山团这个光荣的称号，拥有了顽强的生命力。据统计，在抗日战争期间，在平山这个只有二十万人口的山区小县，报名参军的就有一万两千多人。

平山团成立后的第五个年头，也就是1942年，十三岁的儿童团员刘法兴，手里拿着一面上街宣传的小红旗，兴冲冲地向家里跑去。因为有小朋友告诉他说，有一个穿军装的记者，到他家里为即将入伍的哥哥照相去了。这么大的一个稀罕事儿，他不能不跑回去看看。

刚跑进院子里，他便看到一个八路军叔叔，手里拿着一架照相机，正架在眼睛上，前走走，后退退，对着一家人瞄来瞄去。小法兴看到，即将要参军的哥哥刘汉兴，胸前戴着大红花，向同样胸前戴着大红花的爹娘，正在嘱咐着什么。而胸前没有戴花的嫂子，却站在一边，正微笑着看着他们。哥哥要光荣参军，嫂子的胸前怎么能不戴大红花呢？原来，嫂子把自己胸前的花，戴到了即将让哥哥骑的小毛驴的头上了。小毛驴要送哥哥踏上征程，理当让它也光荣一下。小法兴不失时机地也站在了镜头前，于是，便和家人一起，定格在了一张具有历史意义的照片上。

为刘汉兴参军拍照的，就是在中国摄影界赫赫有名的战地记者沙飞。他拍摄的这一幅《母亲让儿打东洋，妻子送郎上战场》作品，被冲洗出来后，亲自送给了刘汉兴的父母，作为刘汉兴参军的纪念。这件摄影作品，被反复冲洗放大，发往延安、重庆和各个抗日根据地，并传播到了国外，引起了强烈的反响。刘法兴一家人的命运，和一个伟大时代的命运，紧紧联系在了一起。一个普普通通的全家照，由于负载了时代意义，便呈现出了不同凡响而重大的历史价值。这件摄影作品，新中国成立后，被珍藏在了中国革命军事博物馆里。

送儿参军走上抗日战场

　　正是因为有了这前仆后继的血脉支撑，平山团这个由平山优秀儿女组成的队伍，转战太行山，屯垦南泥湾，南征北返，继而挺进大西北，驻扎新疆阿克苏戍边垦荒，书写了一部光辉的史诗。在平山团先后一万多人的花名册上，有的人血洒太行山，有的人牺牲在惨烈的南征北返，有的人倒在解放大西北的路上。他们中的大部分人，离开家里的亲人后，就再也没能回到故乡平山。但平山团英勇战斗的精神和对党对人民的高度忠诚，将永远镌刻在中国革命历史的丰碑上。平山团是平山人的骄傲，也是河北人的骄傲！

第二章　陈庄设伏歼敌　堪称抗战经典

平山团所在的八路军120师，在河北灵寿县的陈庄镇，打过一场漂亮的伏击战，堪称抗日战争中八路军对日寇作战的经典战例。这一仗是怎么打起来的，其中又有哪些生动的故事呢？让我们还是先从陈庄这个太行山的山区小镇说起吧！

日寇眼里的一颗钉

陈庄镇位于灵寿县西北部山区，距县城50公里。这个镇虽然不大，但在抗日战争中，却是一个十分重要的地方。这里群山环抱，重峦叠嶂，山高林密，风景秀丽，一看就是一个让人流连忘返的好地方。境中的横山湖，波光潋滟，倒映着蓝天白云；秀丽的秋山，树木茂盛，更显一股灵气。让日寇垂涎三尺的原因，当然不是陈庄的秀美景色，更让日本鬼子恼恨的是陈庄驻扎着八路军的指挥机关，是八路军的神经中枢。

抗日战争时期，陈庄镇驻守着很多重要的党政机关。除了晋察冀边区政府、边区公安总局、抗日大学总校、抗大二分校、八路军120师供给处等重要机关外，还有不少群众抗战和救亡组织。尤其值得重点提及的是，由毛泽东亲笔题词的"新华书店"，也在灵寿县

灵寿县陈庄镇草坡庄风景

开设了除延安总店外的第一家分店，时称晋察冀边区新华书店。别看这家新华书店规模不大，门店也很简陋，但其发行的报刊书籍，却覆盖了晋察冀边区抗日根据地的每一个角落。各党政机关，群众团体，村寨学校，没有看不到新华书店发行的报刊书籍的。尤其是由新华书店出版印刷并发行的毛主席的军事著作《论持久战》，更是抗日军民视为克敌制胜的有力武器。每天从清晨到黄昏，都有赶车的，驴驮的，肩挑的，前来陈庄的新华书店进书进报，熙熙攘攘，人头攒动，十分热闹。要是遇到了集市或庙会，那就更是车水马龙，书店前的道路拥挤得快有些水泄不通了。这样的描述，没有丝毫的夸张，当时的陈庄，确实是一个举足轻重的战略要地。

陈庄的重要，其实早就被日伪特务侦察得清楚明白，也引起了日寇决策机关的高度重视。在向太行山根据地进犯的路途中，陈庄显然是一个十分棘手的障碍。尤其是得知陈庄驻扎着重要的抗日学校和文化单位后，日寇更是把陈庄视为了眼睛里的钉子，心尖上的竹刺。日寇要沿着平汉路向根据地发起进攻，就必须扫除掉陈庄这个障碍。于是，陈庄就被日寇列为向根据地进犯的重要目标。

1939年9月25日，在日本独立混成第八旅团旅团长水原义重的率领下，一千五百多人的队伍，抱着摧毁我晋察冀军区后方机关与设施的目的，大举向我根据地腹地陈庄镇进犯。水原义重采取以奔袭合击和分区"扫荡"相结合的方法，对我北岳区之东部、西部先后进行疯狂"扫荡"，遭到我晋察冀边区军民的奋起抗击。

紧接着，敌人在"秋季大讨伐"作战计划指导下，又调集守备石家庄及正太线的独立第8混成旅团，向我北岳区南部重镇陈庄地区进犯。一时间，战争的阴云掺搅着炮火的浓烟，一团一团地从天空掠过，笼罩着太行山的群山峻岭。敌人的嚣张气焰，丝毫吓不倒抗日根据地的军民，反而更激起了他们反抗侵略的斗志豪情。

把敌人放进口袋里打

面对日寇的进攻，我120师奉中央军委命令，由冀中向晋察冀边区转移，参加巩固北岳区的斗争。该师主力分前后两批，先后到达行唐西北之口头镇及南北城寨地区集结进行整训，待机作战。

9月25日拂晓，日寇由灵寿向慈峪镇进犯，遭到我四分区独立第5团节节阻击。7时，敌攻占慈峪镇后，继续向南伍河、北霍营我第719团阵地进攻。我八路军指战员投敌所好，佯装后退，将敌人诱至南谭庄、北伍河地区。

26日上午，敌向白头山、北谭庄进犯，遭到我第719团阻击后，即停止进攻。下午4时，敌由南谭庄、北霍营、北伍河地区撤回慈峪镇，并将笨重物资运回灵寿，伪装撤退，企图麻痹我军。

敌人的伎俩被我识破，我第719团以一部夜袭慈峪镇，敌固守村庄，不为我动。27日拂晓，敌400余人留守慈峪，主力1100余人轻装出动，沿鲁柏山及秋山南麓小路，经北燕川和长峪，奔袭陈庄。沿途遭到4分区独立第5团一部和民兵游击队阻击。11时，敌人袭占陈庄。我军得悉敌情后，即令第716团、第2团、独立第1支队向西转移，隐蔽集结于陈庄以东大庄、南北台头地区，以第1支队一部与敌接触。是夜，该支队与抗大第2分校一部，由东西两个方向，不断袭扰陈庄之敌，消耗疲惫敌人，为主力歼灭该敌创造条件。

日寇占领陈庄后，第120师及晋察冀军区首长判断，敌孤军深入，后方交通无保障，不能久占陈庄，必有迅速撤退可能。进一步研究判断，敌人由来路向南退却的可能性较小，而沿磁河大道东撤，可能性很大。这对敌人来说，既是捷径，又可得到慈峪镇之敌的接应。于是，遂决心集中主力在东西司家庄、高家庄之间伏击敌人，不论敌东撤或南退，均能堵击歼敌于运动中。

这次伏击战的具体部署是：独立第1支队，继续与敌保持接触，如敌向东退走，则节节阻击，将敌引诱至我伏击地区。若敌南退，则尾追敌人。第716团隐蔽集结于东西司家庄至南北台头之间，第2团隐蔽在冯沟里、破门口及其以南地区，占领伏击阵地，待敌通过时，突然发起攻击，将敌包围歼灭。独立第1支队和第2团各一个营，进至长峪附近，如敌从原路撤退，则坚决阻击敌人，以待我主力到达时再全歼敌人。第719团仍于南北谭庄及白头山巩固已经占领的阵地，严密监视慈峪镇之敌的行动，坚决阻击该敌北犯，保障主力歼灭由陈庄回撤之敌。第4团以一个营的兵力，仍担任对行唐、曲阳方向警戒，预防隐蔽的敌人增援。主力则集结于牛下口待命，随时准备向来犯之敌发起歼灭性进攻。

28日拂晓前，各部队按照指挥部的部署，一声不响地进入到了指定地点。

袭占陈庄的敌人，原本就十分疲累，又经我彻夜袭扰打击，更是疲惫不堪，稍有风吹草动，便异常恐慌。天刚蒙蒙亮，这股进犯

八路军战士英勇阻击日寇

的敌人，一肚子邪火无处撒，便纵火焚烧了村庄。一边放火，一边开始撤退。其中一部佯装向我独立1支队进攻，掩护其主力由陈庄附近涉过磁河南退。

我第2团主力遂向长峪方向转移，防敌南撤。但敌过河后又转头向东，沿河南岸迅速东退，进到高家庄、冯沟里、破门口地区。其先头部队进到破门口时，遭到我第716团一部坚决阻击。

此时，晨雾已渐渐地退去，天空放晴，能见度非常好。我716团主力渡过磁河，向南攻击敌人。正向长峪转移的第2团，亦迅速回师向北发起进攻。独立第1支队，则尾随敌人向东攻击。敌处于我军四面围攻之中，遂占领高家庄、冯沟里、破门口等村落及附近之高地进行顽抗。敌人以一部由冯沟里涉河抢占南台头西侧高地，一部向高家庄东侧我第2团的青山阵地猛烈攻击，企图夺取占领有利地形，负隅顽抗。但其妄想未能得逞，却偷鸡不成蚀把米，伤亡惨重，丢下了一具具尸体。激战到下午日头偏西，附近所有的有利地形，均被我军控制。又激战了一顿饭的工夫，我第4团由牛下口进至石咀，占领了破门口以东高地，向敌发起进攻，敌东窜逃路被我封住，完全陷于绝境。

为了挽回败局，28日下午3点多，灵寿城里的敌人，又向慈峪镇增援300余人。四时许，会同慈峪镇敌人，共800多人一起向白头山进攻，企图接应被围之敌，但遭到我军第719团的顽强阻击，被阻于南北伍河、白头山地区，迟迟不得前移。

为全歼被围之敌，120师师部决定调整部署，等黄昏视线模糊后，再向敌人发起攻击。

到了日落天黑后，在我军的进军号和呐喊声中，我军向敌人所占高地发起了攻击，并迅速被我攻占。被困于冯沟里的敌人，占据村子里的有利地形进行顽抗。在我军占有绝对优势的情况下，原本轻易取得的胜利，却因我军武器装备粗劣，子弹臭弹卡壳，手榴弹大部受潮失效，一时不能解决战斗，与敌形成对峙。

29日拂晓，第719团对攻占白头山之敌发起反击，歼敌一部，恢复了阵地，余敌退回南北伍河。此时，被围之敌待援无望，拼命向冯沟里南山突围。上午10时，我军将敌包围于鲁柏山以西高山深谷地区。14时，在指挥部的命令下，第716团、独立1支队向敌发起总攻，歼敌大部。敌在飞机掩护下向我反扑，复占失去高地，与我对峙。是夜，我再次发起攻击，到30日晨，将来犯的敌人悉数歼灭。终于取得了陈庄歼灭战的最后胜利。

辉煌战绩载史册

陈庄歼灭战，是继平型关大捷后，由中国共产党领导的八路军取得的又一个伟大胜利。这场战役，创造了集中优势兵力，在灵活

八路军战士欢庆胜利

运动中寻找战机歼灭敌人的成功范例。取得的辉煌战果，将永远记载在中国人民抗日战争的史册上。

那么，这场战役都取得了哪些战果呢？

首先在战利品上，就足够骄人的。陈庄歼灭战，我军以3倍于敌的优势兵力，历经6天5夜的运筹、周旋和激战，以亡142人和伤415人的较小代价，毙敌1280余人，俘敌16人，缴获山炮3门、轻重机枪23挺、步枪600余支，战马50余匹，给予"牛刀子战术"闯入我根据地的狂妄敌人以沉重的打击。如果仅仅是从缴获的战利品上来说，陈庄战役可以与平型关大捷比肩，甚至可以说有过之而无不及。

而更为辉煌的战果，是击毙了日本独立混成第八旅团旅团长水原义重。这个在日本军界享有"牛刀子战术专家"声誉的"天才指挥者"，却把自己的尸首扔到了磁河的河滩上。

那么，如何证实在陈庄歼灭战中击毙了一名日军少将呢？围绕着这个问题，有一段时间曾经有人产生过质疑，认为陈庄歼灭战相对于平型关大捷来说，宣传上有些低调，因此质疑是否击毙了日军的一个少将。

其实，只要翻开我军1939年10月11日出版的《抗敌报》，就可以在第二版头条的醒目位置，看到一个大字标题为《陈庄歼灭战敌酋水原旅团长毙命》的新闻消息。而且说明"此事是从被活捉的水原翻译官令西卯三郎口中证实"。

这一点，在时任晋察冀四分区五团政委肖锋的日记里，也能进一步得到印证。肖锋政委是陈庄歼灭战的参与者，他的日记当然更具说服力。

肖锋的日记记载说，在陈庄歼灭战进行到白热化程度的29日下午3时许，部队进攻到坡门口的一个小山坡上时，他看见我们的八路军战士押着一个日本战俘走了过来。这个战俘穿着整齐，一看就是一个有来头的鬼子。经询问原来是日军的翻译官，名字叫令西卯三郎。这样古怪的名字，战士们叫着拗口，看他穿着一身黄皮，于是便都叫他黄太郎。

肖锋抓住机会，立即让黄太郎指认日军指挥官的位置。黄太郎在那里看了半天，指着一个突然从石头后冒出来的手持指挥刀，正在歇斯底里喊叫的人说："那个人便是旅团长水原义重。"

站在旁边的晋察冀四分区五团的重机枪教员钟奇，一听说那个人便是这次进犯我根据地的指挥官，便气不打一处来，以一个教官对武器的熟练掌握，扣动了重机枪的扳机，对着水原义重就是一梭子仇恨的子弹。只见这个沾满中国人鲜血的侵略者，笨重的身体摇晃了几下，便倒在了血泊之中。这个所谓的"牛刀子战术专家"，死在了他不应该来的土地上。几个日本鬼子试图把水原义重的尸体拖回去，但被我多名战士，又从敌人的手里抢了过来，拖到了磁河的北边。一时间，水原义重被击毙的消息，便在我指战员中迅速传开。大家高兴地呼喊着："水原被击毙了！日本鬼子就要完蛋了，我们胜利的一天很快就要到来了。"

击毙水原的事情，通过晋察冀四分区5团指挥部的电话，立即报告了120师师部。贺龙、关向应等师部首长十分高兴。贺龙在电话中激动地大声说："好！冀五团打得好啊！"

肖锋还回忆说，水原被击毙的第三天，也就是10月1日。那天的太阳升到半天上的时候，团部突然接到报告，说从石家庄方向又开来了一支日军。团首长对这一情报十分重视，立即赶到前沿阵地，通过望远镜观察敌情。

这是一个混成旅的规模，共有1600多人，除了百余辆汽车外，还有九辆坦克。轰隆轰隆的，阵势很不一般，可那样子又不像是有目标的进攻。尤其让人有些不解的是到了磁河边上，这股气势汹汹的敌人，却又停滞不动了。他们这是要干什么呢？

就在大家纳闷儿之际，突然看见从一辆车上，下来一位日本妇女和两个孩子。而其他日本鬼子，则都从汽车上跳了下来，一部分警戒，一部分则到磁河边的苇子地里和河滩上乱翻，好像在寻找着什么。直到他们翻找到了水原的尸体，才停歇下来。原来日军出动这么大的一支队伍，只不过是为了找回水原的尸体。不用问，从车上下来的那个女人和两个孩子，自然就是水原的家眷了。

了解到敌人的意图后，我军没有对敌采取任何行动，以仁义之师的博大胸襟，让日寇把水原的尸体运回石家庄去了。

还有一件事，则更能体现我中国军民的仁义胸怀。

　　陈庄歼灭战结束后，我军战士在打扫战场时，在坡门口发现一面印有"武运长久，大和魂灵"八个大字的日本国旗，覆盖着一堆东西。战士们掀开那面肮脏的旗子一看，恶心得差点儿喘不过气来。只见下面有三口麻袋，麻袋里存放着的竟然都是被砍刀剁下来的右手。他们这是要干什么呢？据负责清理战场的政治部主任颜金生介绍说，这些死鬼子的手，是被活鬼子剁下来的，目的就是要核对指纹建立档案，然后烧制成骨灰，以备家人认领或供奉之用。

　　这些死在别国土地上的士兵，自然也有爹娘和亲人。可他们跟着侵略者在别国的土地上践踏，却断送了自己的青春和生命。这些被敌人砍下来用作料理后事的肢体，自然也都进行了妥善的处理。

　　在抗日战争初期，陈庄歼灭战的胜利，对全国人民是一个极大的鼓舞，有力地提升了中国人民必定战胜日本侵略者的信心，以其巨大的辉煌，镌刻在了中国人民抗日战争的丰碑上。

第三章　土枪土炮显神威　敌酋命丧黄土岭

　　几乎就在陈庄歼灭战取得胜利的同时，我八路军120师杨成武部在涞源，又打了一场漂亮的伏击战。单从击毙敌人将领上来说，黄土岭伏击战取得的战绩更加辉煌。在陈庄的战斗中，击毙了日寇少将水原义重，而在黄土岭的伏击战中，则击毙了日寇中将阿部规秀。如果说陈庄战役中被击毙的水原义重，还有人存在质疑的话，那么在黄土岭战役中被送上西天的敌酋阿部规秀，则是再没有什么争议的。因为连日本最有影响的报纸《朝日新闻》，都在头版显要位置，连续几天以大字标题报道了阿部规秀的死讯。题目直名报道《名将之花凋谢在太行山上》，这还有什么好争议的呢？那么，这一仗是怎么打起来的，阿部规秀又是怎么被打死的，又是谁把他打死的呢？细说起来，真是一个带有传奇色彩的精彩故事。

雁宿崖前哨战

　　要想把黄土岭的故事讲完整，咱还得从雁宿崖前哨战说起。

　　1939年11月2日，日军辻村宪吉大佐率独立混成第2旅团第1大队及伪军共1000余人，从涞源县城出动，分三路向水堡、走马驿、银坊方向进犯，企图寻找机会消灭我八路军晋察冀军区第一军分区的指挥机关和部队。

　　当时八路军的情报人员，已经成功地渗透到了日伪高层的决策机关，因此敌人的一举一动，便都在我们的掌握之中。杨成武之前就已经收到日军即将发动大规模"扫荡"的情报，于是，当得到这次日军的具体"扫荡"计划后，便立即组织所属部队做好反"扫荡"准备，并计划在白石口以南利用有利地形，迎头痛击来犯日军。

　　为了充分利用有利地形，前几天杨成武从晋察冀军区司令部驻地返回易县一分区司令部途中，还专门去察看了从涞源到银坊的必经之路——雁宿崖和黄土岭一带的地形。他认为从涞源到银坊，一路上都是连绵起伏的险峻山区，要从涞源县城出发，进入长城的白石口，再往南到银坊，只有一条山路可以走，这就是雁宿崖一带的山谷。山路两侧都是陡峭的山崖，正是打伏击的好地方。

黄土岭战斗前，聂荣臻、杨成武等检阅部队

　　根据日军来犯的情况，杨成武决定用部分兵力钳制和阻击水堡、走马驿两路之敌，集中主力打击从白石口、鼻子岭到银坊的敌人。这路日军也恰恰就是辻村宪吉大佐率领的独立混成第2旅团第1大队主力。其中包括他的大队部和直属部队、2个步兵中队以及1个炮兵小队，总共约500人。

　　杨成武派一分区第三支队在白石口诱敌深入，将日军引入雁宿崖伏击圈。一分区3团和三分区2团分别埋伏在雁宿崖东、西两侧的山头上。一分区1团则负责在白石口截断日军退路，一分区25团为预备队，除了负责诱敌深入的三支队外，杨成武集中了整整4个主力团总计兵力达到6000人来进行伏击，对日军形成了绝对优势，完全具备了歼灭孤军深入之敌的条件。

　　负责诱敌的三支队司令员曾雍雅，外号叫"狼诱子"，最擅长诱敌深入。三支队又是地方部队，装备的多是老套筒、汉阳造，日军一交手就知道是土八路，觉得有便宜可占，于是，便放心大胆地一路追杀上来。可"狼诱子"曾雍雅，怎么能让日本鬼子追上呢？虽然他们在前边时隐时现，但鬼子眼看着就是追不上。当日军累得气喘吁吁想停下来喘口气的时候，三支队的战士们便不失时机地打上几枪，又把敌人的劲儿挑逗起来，引诱着日军继续追赶。就这样走一阵打一阵，把日军一步步地引到了雁宿崖的山沟里。

　　杨成武见日军进入了伏击圈，便下达了开火的命令。一时间，枪声大作，3团、2团从东西两侧同时开火。1团迅速迂回到峡谷北口，切断了日军的退路。3团一部则同时以火力封锁住了峡谷南口。这样一来，进犯的日军一大队完全成了瓮中之鳖。在八路军突然而猛烈的攻击下，日军死的死，伤的伤，哀叫声、哭喊声，在山沟里和山风搅在一起回荡。就在这时，冲锋号吹响了，八路军战士们如猛虎下山，与敌人展开白刃战，很快便结束了战斗。

　　激战至下午4时许，进犯的500多日军，除了100多人寻隙逃脱、

13人被俘外，其余400人包括辻村宪吉在内全部被击毙。这一路日军的重武器，包括2门九四式75毫米山炮、2门70毫米九二式步兵炮、3挺重机枪、6挺轻机枪全部被八路军缴获。用老百姓的话来说，杨成武这回可真是发了个大"洋财"。

就是要"一计二用"

在与日军两年多的作战中，杨成武早就摸准了日本鬼子的臭脾气，这是一伙气量狭小输不起的家伙。只要他们打了败仗，就必定要进行报复。败得越惨，报复的力度也就越厉害，而且往往是气急败坏，等不得喘口气，立即就要进行报复。把准了敌人这个脉，杨成武断定日军肯定还要向根据地进犯，必须做好再打仗打硬仗的准备。

果然不出杨成武所料，雁宿崖战斗的硝烟还在山沟里弥漫，日军就又蠢蠢欲动了。在遭到歼灭性打击后，日寇的指挥官阿部规秀中将恼羞成怒，匆匆忙忙地纠集起各据点兵力数千人，向我八路军一分区展开了"搜剿"，妄想一举摧毁我军主力，以报雁宿崖惨败的一箭之仇。

日寇企图进攻我根据地的情报，很快便传到了一分区指挥部。杨成武把敌人进犯的情况以及对形势的分析，向聂荣臻司令员进行了汇报，并提出请战。要在黄土岭一带再次设伏，进一步打击日寇进攻根据地的嚣张气焰。

聂荣臻司令员听了杨成武的汇报，心里感到十分欣慰。谁说"一计不可二用"，杨成武这不就是要在同一个地方，打他两次伏击战啊！可他并没有立即表态，只是微笑着问："部队情况怎样？"

"部队刚打了个大胜仗，士气很高，正在银坊、司各庄一带休整。"杨成武刚说了几句部队的情况，便把话题转移到打伏击上，"银坊以东，直到黄土岭，地形十分有利于设伏。只要敌人敢于由银坊东进，我们就可以再给他一个伏击，一定能成功。"杨成武胸有成竹地回答说。

"我看你们先以小部兵力，在白石口一带迎击敌人，把他们引向银坊，让他们扑空。然后你们隐蔽起来，让敌人寻找你们决战。你们在银坊北面示以疑兵，诱敌东进，等他们进到黄土岭后，你们再利用有利地形，集中兵力歼灭它。"聂荣臻具体指示说。

见杨成武很认真地听着，聂荣臻又指示道："成武同志，你们要做好充分准备，详细研究一下诱敌与打伏的具体方案和战场选择问题。我要提醒的是，要避免连续胜利后的轻敌思想和骄傲情绪。争取打一个更大的胜仗吧！"停顿了一下，又说，"考虑到你们兵力不足，贺龙师长决定让120师特务团从神南北上，天黑前赶到黄土岭地区，归你指挥。此外，我们让第20团、第26团、第34团钳制易县、满城、徐水等地的敌人，以防他们前来增援。"聂荣臻把作战方案想得非常细致。

"首长给我们这样的支持，太好了。这样我们的参战部队就达到了5个团，再加上游击支队和分区直属炮兵部队，就形成了绝对的优势，取胜就更有把握了。"杨成武高兴地说。

在研究敌情时，聂荣臻还分析认为：日军上次分兵三路吃了大亏，这次恐怕不会再分兵了，可能会集中力量成一路"进剿"，极力寻找我主力决战。可当时他们并不知道，率领这支敌军的指挥官，竟是赫赫有名的阿部规秀中将。

阿部规秀命丧黄土岭

阿部规秀，他又是一个什么人呢？

阿部规秀于1886年出生，毕业于日本著名的陆军士官学校第19期步兵科。1937年8月晋升为陆军少将，担任关东军第1师团步兵第

1旅团旅团长。他在关东军期间所带领的部队被称为常胜军，从未有过败绩，是关东军士兵最希望去的部队。他在日军中以擅长山地战闻名，所以在1938年10月，原蒙疆驻屯军司令兼独立混成第2旅团旅团长常冈宽治被八路军击伤后，便接任了常冈的职务。该旅团在日军中堪称精锐，而阿部规秀又是在日本军界享有盛誉的"名将之花"，是擅长运用所谓"新战术的俊才"和"山地战专家"，以日本蒙疆驻屯军总司令的身份兼任独立混成第2旅团的旅团长。日军希望能够发挥他长于山地战的特点，与八路军在华北山区一争高下。

1939年10月2日，也就是一个月前，阿部规秀刚刚晋升为陆军中将，不是陆大毕业却能升到中将的，不说绝无仅有，也是凤毛麟角。有资料说，阿部规秀是日军中最年轻的中将。是不是确切，暂且不论，阿部规秀在日军中也算是个有影响的人物，确是不虚的。

可这个阿部规秀怎么也没有想到，在刚刚晋衔之后，日军的一个大队就被歼灭，他如同挨了八路军一记响亮的耳光，颜面扫地。所以，就在雁宿崖惨败后的第二天，即11月5日，他就亲率精锐之师出马"扫荡"了。

阿部规秀骄横成性、轻狂自负，刚荣升晋衔，便急于报效天皇。但是他并不知道自己的对手，竟然是聂荣臻、杨成武这些百战沙场的骁勇将帅和雄狮劲旅。临行前，他在给自己孩子的一封家信中这样写道："……爸爸从今天起去南方战斗。回来的日子是11月13日、14日。虽然不是什么大战斗，但也将是一场相当的战斗。8时30分汽车向涞源城出发了。我们打仗的时候是最悠闲，而且是最有趣的，支那已经逐渐衰弱下去了，再使一把劲就会投降……圣战还要继续，我们必须战斗。那么再见。"

然而，这位阿部规秀真是太有点狂妄至极了，如果用老百姓的话来评价，那就是"洗脸盆里扎猛子——不知深浅"了。殊不知，此时我八路军120师359旅715团一部为了钳制涞源之敌，已经由上寨积极向涞源城、灰堡和南、北石佛活动。一分区部队正在进行战斗动员，"打一个更大的歼灭战"，已成为指战员们的响亮口号，并强烈地鼓舞着战士们的心。一分区和三分区的群众也从各地赶来，组织了许多担架队、游击小组、侦察小组，帮助八路军放哨、侦察、救护伤员、送水送粮。方圆几十公里的战场都在沸腾着，实际上是正在给这位阿部规秀准备坟墓。

当天夜间，日军越过白石口一带的内长城，进到雁宿崖下，他们把八路军已经埋葬的一些日军的死尸，又一具具挖出来，用木杠子抬到一起，架上柴堆，浇上汽油，点火焚化了。整个山谷弥漫着焚烧尸体的焦臭味，数公里以外都可以望见熊熊烈火，可以听到战马惊惧的嘶鸣。

11月5日，1500多日军从龙虎村向白石口前进。我佯动部队第1团1营5、6连与第25团一部在白石口与日军接火，忽而坚决堵击，忽

八路军战士瞄准日寇射击

而大踏步后撤，像翻飞的鹞子那样紧紧缠住"猎物"不放，使日军既求战不能，又追赶不上，气得暴跳不止。

当晚，日军到达银坊镇，暴露出其野兽的狰狞面目，残忍地实施了"三光"，银坊一带村庄大火冲天，彻夜不熄。早已隐蔽好的伏击部队的战士们，看在眼里，恨在心里，无不暗暗发誓，要替人民群众报仇雪恨。好在群众都已转移，没有受到太大的损失。

11月6日，急于寻找我军主力决战的日军连着两次扑空后，有些急不可耐了，离开银坊镇，倾师东奔黄土岭。

我警戒分队立即报告："敌人来了！"

消息传来，各团指战员摩拳擦掌，精神高度振奋起来。我伏击部队丝毫没有惊动缓缓东进的日军，任其"逍遥游"。晚间，敌人在黄土岭司各庄一带，搭起帐篷，解开行囊，准备要宿营了。好像是苍天有意助我似的，半夜时分，天气骤变，浓云蔽空，星月无光。太行山上的阵阵冷风，扑打着寂如坟岗的黄土岭。

我伏击部队乘着夜色，阵势无声无息地悄悄展开。第1团、第25团在寨坨、煤斗店集结，卡住了日军东进的道路；第3团从大安出动，占领了黄土岭以及上庄子以南高地。三分区的第2团则绕至黄土岭西北尾随敌后前进。在日军毫无觉察的情况下，我伏击部队已经完成了对日军的包围。

11月7日，天空飘洒着细密的雨丝，周围群峰都消逝在浓雾里，给人一种时隐时现的神秘感。"黄土岭"这名字，听起来像黄土高原上的土山，其实不是，它是太行山北部群山中的一座岬口。四周有许多深沟大谷和一条不甚宽的河滩。时已深秋，山里冷得早，林木脱尽叶子，地上一片枯草。

上午，日军继续东进，前进时十分警惕，总是以由30多人组成的先头部队，携重机枪、轻机枪数挺，先行占领道路两侧小高地形成掩护，然后大部队才步步跟进。

中午12时，日军先头部队已接近黄土岭东面的寨坨村，大队还逶迤在上庄子一线。直到15时左右，全部人马才离开黄土岭，陆续进入狭谷中的小路。这时，我伏击部队第1团、第25团迎头杀出。第3团及三分区的第2团从西、南、北三面合击过来，把日军团团围住，压缩在上庄子附近一条长约1500米、宽仅100余米的山沟里。各伏击部队的100多挺机枪，从各山头一齐向沟中东躲西藏的日本鬼子猛烈射击。分区的炮兵部队也连续发射了数发炮弹，山沟里立刻被弹片、碎石和浓烟覆盖住了。

从混乱中稳定下来的日军，依仗兵力雄厚和火器优良，向我伏击部队一分区的寨坨阵地展开了猛烈冲击。在遭到伏击部队的有效反击后，又掉头西向，妄图从黄土岭突围，逃回涞源。但我一分区第3团紧紧扼守住西、南两侧阵地，120师的特务团这时也赶到了。他们从第3团的左侧加入战斗，使日军欲退无路，只能就地抵抗。

阿部很清楚，留在这里只会被动挨打，要想有一线生机，就必须强行杀开血路。于是他组织部队向寨坨村方向猛冲，但遭到八路军顽强阻击，便又改变方向，掉头向西，妄图从黄土岭方向突围逃回涞源。在黄土岭一线的3团坚守阵地，苦战不退。好在120师特务团及时赶到，从3团的左侧加入战斗，终于挫败了日军的突围企图。

16时许，战斗正在激烈进行，1团团长陈正湘发现黄土岭与上庄子之间的教场村附近，有一座独立院落，不时有日军军官进出。判断为日军指挥所，于是，立即调军分区炮兵连进行炮击。

说是炮兵连，其实只有一门迫击炮，四发炮弹。

陈正湘对炮兵连连长杨九祥命令说："我要你必须把敌人的指挥部干掉，你能不能完成任务？"

杨九祥跷着大拇指，眯着一只眼睛，对着对面的那个小院瞄了又瞄，口气坚定地说："在射程之内，没问题。"

在杨九祥连长的指挥下，炮手李二喜开始向敌指挥部炮击。第一发，主要是测量距离，没有发挥出作用。第二发，炮弹打远了。李二喜又调整了一下角度，打出了第三发，不想又打近了。只有一发炮弹了，这一发能击中吗？大家禁不住把心都提了起来。

李二喜把炮筒的角度调了又调，很是用心地打出了最后一发炮弹。不想这一发，竟然非常精准地落在了对面的院子里，轰然一声爆炸了。当时，阿部规秀就坐在正房门口。他作为一名有丰富实战经验的军官，看到前三发的落弹点，应该知道下一发就肯定会比较有准头了，但他从心里就看不起"土八路"的武器，根本就没当回事儿。可这一发炮弹偏偏就是这么准，就在正房门口爆炸了，阿部规秀的腹部和双腿多处被弹片击中，身子一仰便倒在了血泊中。到了晚上，伤重不治，一命呜呼。这朵"名将之花"，最终凋谢在了太行山的黄土岭上，落得了应有的下场。

第四章　神出鬼没打伏击　经典一战响堂铺

盘点抗日战争期间八路军的胜利战果，我们会惊喜地发现，很多胜仗都是伏击战。这样的战略战术为什么屡试不爽呢？这是因为八路军认真学习和实践毛主席军事思想的结果。当时八路军虽然只有小米加步枪，但由于有了毛泽东军事思想的武装，便掌握了克敌制胜的有力武器。集中优势兵力，在运动中灵活机动地消灭敌人，不仅120师，在八路军的其他各部，也取得了辉煌的战果。八路军129师于1938年2月进入太行山地区后，在短短的37天里，就在井陉长生口、潞城神头岭、涉县响堂铺，连续对日军交通线进行了三次成功的伏击，军史上称其为"三战三捷"。这三次伏击，有力地提升了129师的社会声望，鼓舞了抵抗日本侵略者的信心，为开辟太行山抗日根据地创造了条件。而响堂铺伏击战，在军事战术上更是成为八路军敌后游击战的经典。

太行关隘东阳关

1938年3月上旬，山西沦陷后，日军乘势继续进军，在不长的时间里，相继攻占了临汾、汾阳、离石、风陵渡、长治、晋城、东阳关等重要城镇，打通了邯郸至长治的公路和同蒲铁路的南段，将战争的魔掌深入到了晋东南和吕梁山区。正面战场上的国民党军大都望风而逃，退到了黄河西岸。偌大的一个山西，面临着被日寇全部占领的危险。

涉县响堂铺风光

日军进入晋南以后，蓄谋了更大的企图。他们想乘势渡过黄河，实现在战略上的突破。同时，将八路军的115师、129师驱逐出晋西、晋东南。这样，他们在山西的占领区，就能得以巩固。后方稳定后，津浦路的日军就能与陇海路的日军形成合力，从而实现南取武汉、西夺西安的战略计划。出于这样的意图，日寇在占领山西大部的基础上，继续向黄河各渡口进犯。

这样一来，邯郸至长治以及长治至临汾的公路，自然就成了日军重要的交通运输线。为了保障黄河前线的部队补给，日军在这条交通线上的运输活动相当频繁。在长生口、神头岭两次遭到八路军的伏击后，日军也吸取了教训，绷紧了神经，对这条交通线加强了保护。为了开阔公路两侧的视野，他们把公路两侧一百米以内的民房全部拆除，把树木全部伐倒，庄稼全部割光。除了在黎城驻军1000人，在涉县驻军400人，在武安驻军1500人外，还在椿树岭、东阳关增设了据点，派驻了中队级别的守备分队驻守。

为了阻滞日寇的进犯，八路军129师决心要在井陉长生口、潞城神头岭两次成功伏击的基础上，再给日寇一次沉重的打击。可这一次的伏击放在哪里打好呢？刘伯承把目光放在了东阳关上。

地处太行山上的东阳关，又称壶口旧关，也叫壶口关或盂口。虽然东阳关比不上平型关、娘子关、雁门关险要，但因位处太行山的主脉上，是山西通往河北的要道，所以在春秋时就开始设置关隘，明朝时进一步提升规格，设置为巡检司。关隘两侧都是峻岭悬崖，乱石层峦，几乎没有一步路好走。清朝编著的《山西通志》这样描述东阳关："泽、潞凭高设险，障蔽两河，而潞川中夷外阻，尤自古形胜地也。其当东出之冲者，曰东阳关，在黎城县东二十里，一名吾儿峪，古壶口关也。"正是因为东阳关地势险要，所以历来都是兵家必争之地，发生过不少战事。

刘伯承要在东阳关设伏的倡议，得到了129师领导的一致赞同。为了把这一次伏击打得更漂亮，师部反复讨论制定了详细的作战方案。可就在这时，刘伯承接到了上级的通知，要他马上去参加3月24日由朱德总司令在沁县小东岭召开的军事会议。于是决定，在刘伯承开会期间，由刚刚到任的邓小平政委坐镇师部，负责全局。由徐向前副师长具体指挥这次伏击战。

徐向前巧布口袋阵

徐向前接过指挥权后，按照刘伯承师长的意图，决定在从黎城至涉县之间的公路上选点设伏。这段长约50公里的山间公路，山高沟深，沿线分布着东阳关、王后岭、上下弯、响堂铺、河头村、椿树岭、河南店等村庄集镇。为了选取最有利的伏击地点，徐向前带着参加伏击任务的386旅旅长陈赓，以及769团团长陈锡联、771团团长徐深吉等，仔细察看了这一地带的地形。当他们踏遍了全程，经过反复比较后，一致把理想的伏击地点选在了响堂铺。

响堂铺位于河北省涉县境内的神头乡，正处在河北省西南与山西省晋东南的交界处，再往西不远，就是山西省黎城县的东阳关。响堂铺村南，耸立着一座海拔1400多米的高山峻岭，山崖陡峭，难以攀登。村北虽然也是海拔1200多米的山地，但山势相对平缓，地形起伏，还有不少谷口。两侧山地之间是一条长30多里的山谷，是日军在邯长公路上运输物资的必经之路。公路两侧山地，宛如天然屏障。北侧山地，可以隐蔽伏击部队。众多的谷口，又便于出击。只要卡死了东西两头，伏兵从路北杀出，谷底公路上的日军就必定成为瓮中之鳖了。

徐向前的部署是：共投入129师385旅769团386旅771团、772团共3个主力团，来完成这一次的伏击任务。具体安排是，以769团和771团为伏击部队。以一小部队埋伏在路南山地脚下，阻止日军向路南逃窜，主力埋伏在公路以北后宽漳到杨家山一线。考虑到黎城日军兵力较多，而且东阳关又有日军据点，一旦伏击战打响，必然是日军主要的增援方向，所以将772团主力集结于马家拐，负责阻击由黎城、东阳关出援之敌。同时，派出小部队分别向东阳关和苏家峧担任警戒。虽然涉县距离响堂铺更近，但日军兵力较少，即使出动增援，援军也不会太强，所以由769团派出4个连在椿树岭、河南店之间，阻击由涉县来援之敌。另外再派1个连进至杨家山东北的王堡，以保障769团侧后安全。

129师是一支富有战斗经验的部队，主要是由原来的红四方面军部队改编而来。徐向前曾任红四方面军的总指挥，在红四方面军的部队中享有很高的威望，所以参战部队听说这次战斗由徐向前指挥，信心百倍，士气更是高昂。

部队接受任务后，立即开始进行思想动员和战前准备。考虑到当

129师的战士们伏击经过响堂铺的日军运输队

时部队中的绝大多数官兵从来没有见过汽车，对汽车的性能和特点都一无所知，于是便在战前准备中，特地有针对性地就汽车的构造原理，如何打汽车的作战要领，向参战指战员进行了培训。首先是消灭汽车上的掩护人员，然后是打司机，最后是打汽车的油箱和轮胎。这些战前教育，虽然时间很短，但有效地提高了指战员对汽车特点的了解和打汽车要领的掌握，在后来的战斗中发挥了很大的作用。

3月26日，邓小平率129师师部从韩壁出发，经西营、下良，进驻佛堂沟。随后邓小平和徐向前，一起到769团进行了战前动员。

我军指战员个个摩拳擦掌，斗志空前，都在期盼着再打一场胜仗。恰在此时，八路军129师总部接到确切情报，日军将在3月31日从邯长公路运输大批辎重，徐向前副师长立即决定31日在响堂铺设伏，打掉日军这支运输队。

贵在沉着冷静

根据之前对敌军进行伏击的部署，参战各部队从30日起，陆续向预定地点开进。30日夜，徐向前带领参谋人员，进入设在响堂铺路北后狄村小山坡上的指挥所，386旅的指挥所则设在后宽漳。

31日凌晨1时，各部队全部进入预定阵地，隐蔽待机。伏击阵地大多是在背阴面，虽然已经是3月底，但坑坑洼洼里的积雪，还没有融化，夜间气温还是很低，再加上又结了一层冰，气候十分寒冷。但战士们为了胜利，忍受着寒冷，在隐蔽的指定地点保持静默，一动不动等待着战斗打响。

伏击部队全部进入预定阵地后，徐向前特别要求："行动一定要遵守纪律，绝对保守秘密。前卫部队要大胆沉着，一定要把敌人全部放进口袋里再打。后卫部队要坚决顽强，一定要把口子堵住！

何时封口、开口、冲锋，要服从命令，听从指挥！"

为了保证村民们的安全，绝对保证行动的秘密，徐向前还专门派出1个排，把住响堂铺和前后宽漳村各路口，保证不让任何人出入。

拂晓时分，徐向前接到772团报告，说日军由东阳关出动200余人，正向苏家峧开进，同时还有骑兵正向侧后运动。请示是否撤出主力前去截击？

如果这是日军发现设伏后的包抄后路之举，确实非常危险，那就必须放弃这次伏击，另做打算。但是徐向前判断，如果日军果真发现了设伏企图，想来个反包围，截断我伏击部队后路的话，那么就不可能只派这么点部队。这点兵力只会"打草惊蛇"，根本不可能进行反包围。所以他认为不大可能已被日军发现，根本不必理睬，于是便命令部队继续隐蔽潜伏，不得暴露。同时命令772团派1个营到庙上村以东高地，加强警戒，掩护伏击部队的右后方安全。此外派师部参谋到东阳关和苏家峧侦察核实，一定要把情况弄清楚。

派去的参谋很快就回来报告说，东阳关日军没有异常动静。所谓东阳关日军出动的200余步骑兵，原来是一群老百姓赶着牲口在赶路。

徐向前"哼"了一声，看了一眼侦察参谋，再没有说什么。要不是他沉着冷静，听信不实报告而取消了这次伏击，那就没有后来名垂青史的响堂铺伏击战了。

漂亮的伏击战

8时许，前方观察所传来报告，说听到东阳关方向有日本鬼子汽车的马达声。不大一会儿，又报告说日军的汽车队，已经沿东阳关公路向东开来。

　　根据日军资料显示，这支日军是由森本浩少佐率领的第四兵站汽车队本部和2个汽车中队，总共约400多人，其中有17名军官。共有汽车169辆，配备有手枪39支，三八式步枪143支，三八式马枪98支，轻机枪2挺，重机枪1挺，掷弹筒4具。属于辎重部队的汽车队之所以会有轻重机枪和掷弹筒，是因为1938年初华北日军的汽车部队多次遭到中国军队伏击，为了加强汽车队的自身保护，日军给每个兵站的汽车队本部加配1挺重机枪和2具掷弹筒，给每个汽车中队的自卫小队加配了1挺轻机枪和1具掷弹筒。

　　当时771团的伏击位置在西，769团在东，考虑到769团抽出5个连负责对涉县的警戒任务，兵力相对不如771团，所以徐向前把180辆汽车中的后100辆交给771团，前80辆交给769团。

　　等到日军汽车队全部进入伏击圈，而且前80辆进入769团的伏击地点后，徐向前下达了攻击命令。

　　这次执行伏击任务的是129师的2个主力团，装备在八路军中还算是比较精良的。不但有轻重机枪，还有迫击炮。所以当攻击命令一下，迫击炮和轻重机枪就立即派上了用场，发挥出了威力。再加上密集的手榴弹，几乎在一瞬间，就将在谷底的日军车队打了个措手不及，完全笼罩在猛烈的爆炸火光和尘烟之中。仅仅十几分钟，毫无防备的日军便死的死，伤的伤，响起了一片哀号声，山沟里一片混乱。

　　日本鬼子还没有来得及组织反抗，几十把军号便一齐嘹亮地吹响了。在冲锋号的激励下，八路军的伏击部队，像

涉县响堂铺伏击战纪念碑

下山的猛虎，从北山的掩体里跳了出来，发起了全面冲锋。他们用刺刀、大刀、红缨枪，和日本鬼子展开白刃肉搏。遭到突然袭击的日军，既没有招架之功，更没有抵抗之力，顷刻间便土崩瓦解。一部分日军想向南山败退，不想又遭到南山脚下八路军的迎头痛击。没用两个小时，除了少数敌人钻隙逃入南山外，大部分都被八路军歼灭。

为了保卫伏击的胜利果实，八路军事先就已经发动周围百姓，组织了很多辆大车和骡马。战斗刚一结束，便迅速将敌人运输车上的物资，全部搬运一空。由于当时八路军里，还没有人会驾驶汽车，对于那些像汽车这样的战利品，只好按照战前教育的方法，全部烧毁。等到日军出动飞机前来救援时，这里剩下的只是遍地的日军尸体和汽车残骸。

响堂铺伏击战打响后，驻守在黎城和东阳关的日军，果然倾巢出动，前来增援。这些早就在我军预案中估计到了的事情，当然不会让敌人得逞。日军的增援部队，刚到了马家拐，就遭到772团的有力阻击。在猛烈的枪弹阻击下，这伙增援的日寇很快被击退。

败退的日军很不甘心，又和从黎城出动的第二批援军联手，再次驰援响堂铺遭到伏击的运输队。结果在772团的顽强阻击下，又被击退。另外，驻守在涉县城里的日军，也出动约200人，分乘6辆汽车前来驰援，但在椿树岭遭到769团的阻击部队，下场同样十分凄惨。

两路阻援部队的有力阻击，确保了响堂铺伏击战的顺利进行。

此次伏击战，连同在马家拐和椿树岭的阻击战，取得了丰硕的战果，共打死打伤日军森本少佐以下400余人，焚毁汽车181辆，缴获迫击炮4门、重机枪2挺、长短枪130余支。响堂铺一战，被誉为一次教科书式的经典伏击战。

第五章 百团大战破囚笼 井陉煤矿首告捷

自1939年冬天开始，日本侵略军开始推行所谓"以铁路为柱，公路为链，碉堡为锁"的"囚笼政策"，大举对我太行山抗日根据地进行频繁的疯狂"扫荡"，妄图割断我太行山各抗日根据地之间的联系，压缩八路军的生存和作战空间。在这种情况下，八路军副司令员彭德怀指挥八路军129师、120师、115师和晋察冀军区等共105个团20余万兵力，主动对华北地区的日伪军发动了一次旨在突破敌人封锁的进攻战役。这次战役共进行大小战斗1800余次，攻克据点2900余个，歼灭日伪军45000余人，给日伪军以沉重打击，极大地鼓舞了中国军民抗战的斗志，增强了必胜的信心。这场战役，就是著名的百团大战。

百团大战的主战场，主要在河北和山西境内，我们河北人民当然为此次战役的胜利，做出了巨大而积极的贡献。发生在我省的很多战斗，不仅影响深远，而且堪称经典。如井陉县井陉煤矿的歼灭战，无论在战略意义上还是战术指挥上，都有可圈可点之处。

必须拔掉的钉子

从井陉县城往西40多里路，有一座依山而建的小山村。这个不大的山村，名叫洪河槽村。在村子的最上头，有一座四合院，虽然有些陈旧，但不失名门望户的气派。这里现在是"百团大战井陉县展览室"，而在六十多年前，这里是百团大战时120师的指挥所。

井陉煤矿远景（1940年）

1940年7月22日，八路军总部发布《关于大举破袭正太路战役的预备命令》后，120师便把攻取井陉煤矿，锁定为该师的作战目标。之所以要把这座百年老矿作为首要夺取的目标，是因为这次开展百团大战的主旨所决定的。破袭，破袭，主要就是要破坏敌人的铁路、公路、电线等交通通信设施，同时袭击交通线沿线的敌人据点。八路军总部的要求就是要"彻底破坏正太路要隘，扫除线路据点，截断交通线"，以彻底打破敌人的"囚笼政策"。而要实现总部的战略意图，井陉煤矿这颗钉子，自然是必须要提前拔除的。

井陉煤矿作为百团大战首选的进攻目标，就是因其重要的战略地位。井陉煤矿所在的位置，不仅紧靠正太铁路，而且有专线和正太铁路相连。东可出击华北重镇石家庄，西可扼守天险娘子关，如果能将其夺取过来，为我所有，这对于扩大我八路军的生存和作战空间，具有十分重要的意义。

之所以要把井陉煤矿作为首选的攻击目标，还因为井陉煤矿是一个重要的能源基地。这个原本属于我中华民族的能源基地，被日本侵略者占领以后，便成了敌人维持战争的重要能源补充地。这些丧尽天良的鬼子，无节制地对这座矿山进行掠夺，除了供应作战的燃料外，还把多余的优质煤炭源源不断地运回国内，或制作成煤油精，或扔到大海里储藏起来，以备战后使用。看到日寇对井陉煤矿猛兽般的掠夺，每一个有良知的中国人，就好像看到一只贪婪的蚊子，在母亲洁白的皮肤上吸血一样的难受。就在百团大战开始前的几天，井陉煤矿的地下党组织和我八路军取得了联系，除提供了许多有价值的情报外，还详细地诉说了日本鬼子在井陉煤矿的种种暴行。

当时的井陉煤矿，是我国的三大煤矿之一。为了满足战争对能源的消耗，加紧掠夺地下矿藏，鬼子打着招工的幌子，从河北的获鹿、宁晋、南宫、邯郸以及河南的内黄、安阳等地，骗来了一批又一批的农民，强迫他们下到矿井下挖煤。这些劳工干的是牛马活，吃的是猪狗食。不仅没有一点工资，而且也没有生命保障。

更令人发指的是在这些劳工里，还有很多未成年的孩子。他们在矿井下劳动完一个班上井后，就被圈到布满铁丝网的地窖子里，过着不见天日的悲惨生活。

东王舍村的李秀明唱的一首歌谣，就是当时下窖童工的真实写照。"十来岁的孩子把窖下，饿着肚子挨着打。身体单薄活儿重，压弯腰背地上爬。瘦的身上皮包骨，肥了日本资本家。"

如果有人出工伤死了，就象征性地弄一口薄棺材，草草埋掉了事儿。后来死的人多了，就两个人一口棺材。当死的人越来越多时，残忍的日本鬼子就挖了一个大土坑，把人往里边一扔就再也不管了。被称为"万人坑"的地方，在井陉煤矿一共有六处。大约有4.6万井陉矿工，遇难后被填在这六座万人坑中。平均每天有15个矿工死亡。

就在井陉煤矿歼灭战打响前不久，这座遭日寇掠夺而伤痕累累的矿山，发生了一次重大的瓦斯爆炸。瓦斯随着一声巨响爆炸后，浓烟烈火顺着巷道四处蔓延。支护被摧倒，煤车被崩翻，就连大井口井架天轮上的顶板也被冲飞。在井下干活的人们闻声而倒，吸气即亡。大工头刘海闻讯，急忙向日军矿长报告。矿长听后虽然十分惊骇，但他震惊的不是井下上千名中国工人的生命，而是担心如不尽快扑灭巷内烈火，必然要严重影响掠夺中国资源的进程。于是便下达了一道惨无人道的指令，让驻守在当地的日军、矿警一齐出动，用刺刀逼迫着井上的矿工，封闭了发生瓦斯爆炸的巷道，使不少挣扎着往外爬的矿工，被活活堵死在巷道里无法逃生。

爆炸事故发生后，立即震惊了整个矿区。矿工家属从四面八方赶来，要到矿上营救亲人。这再正当不过的愿望，却遭到了日本鬼子的无理拦截。凶狠的日本兵枪上插着刺刀，个个横眉立目，把守着井口，不准人们近前一步。矿工耿二虎的父亲耿老秋，赶来抢救儿子，遭到日本兵的阻拦，耿老秋据理力争，被日军一刺刀捅进胸膛，倒在了血泊中。他那一双愤怒的眼睛，盯着日本鬼子，怎么也不肯合上。

据事后统计，在这次事故中，共造成357人死亡，440多人受伤。东王舍村死了30人，青泉村死了26人，北寨、南寨、北正、西沟等村也都死了不少人。还有更多的人，由于没有留下家乡的住址，也就做了孤魂野鬼。死者都被烧得焦头烂额，面目全非，不成人形，难以辨认。即使幸存的人，也是遍体鳞伤，不少人落下了终生残疾。

哪里有压迫，哪里就有反抗。在地下党组织的领导下，英勇的井陉矿工们，始终没有停止对日本侵略者的斗争。听说八路军要攻打井陉煤矿，矿工们无不欢欣鼓舞。地下党组织在和八路军取得联系后，立即组织工人群众配合八路军的行动，一定要把这座矿山夺回到人民的手中。

前赴后继向前冲

井陉煤矿歼灭战，是和百团大战一起打响的。之所以这么同步，是因为井陉煤矿歼灭战和百团大战同时策划的，井陉煤矿歼灭战是百团大战的一个重要组成部分。

1940年8月20日晚上10时，随着彭德怀总指挥的一声令下，一颗红色的信号弹划破了夜空，各部队同时向各自的进攻目标发起了进攻。那天夜里，虽然秋雨绵绵，但丝毫没有影响战役的进程。由聂荣臻指挥的120师，分成三个纵队分头出击。左纵队由熊伯涛指挥；中央纵队由杨成武指挥。右纵队则由郭天民和刘道生指挥。从山西娘子关到井陉煤矿一线及其两侧的广大区

军民们破坏敌人的铁道线

域，一时间烽烟滚滚，火光闪闪，枪声、炮声、呐喊声，混杂着响成一片，到处都成了消灭日本鬼子的战场。

敌人苦心经营的运输线和通信线，即刻间便被破坏得七零八落。铁路被我成百上千军民们，抬了起来，彻底掀翻。随即便有跟来的民工，把铁轨和枕木迅速拉走。敌人的电话线，也都被剪断，电线杆子也都拉倒，抬走。

聂荣臻把攻打井陉煤矿的任务交给了杨成武。杨成武则将主攻任务交给了晋察冀军区最得力的两大主力团之一的红军团，即赫赫有名的老三团。这个团9个月前在围攻黄土岭的战斗中，击毙了日本"名将之花"阿部规秀中将。

在发起攻击之前，杨成武为红军老三团各营分配了任务：1营攻

打新矿，3营攻打老矿，2营攻打贾庄炮楼。

为掌握第一手资料，在头一天晚上，乘着夜色，杨成武还和老三团团长邱蔚，带上警卫员化装成农民，一直摸到了矿区里边，进行临战前的实地侦察，详细地观察了地形，并确定好了突破口。

井陉矿区的战斗，当时的指挥所就设在清凉山上。之所以要主攻井陉煤矿的新井，是因为新井是井陉煤田最大的一个煤矿。

八路军向井陉煤矿发起攻击

总攻开始后，随着一营赖庆尧营长大吼一声："冲啊！"2连指战员如下山猛虎，快速越过了5道铁丝网和3米多宽的外壕，逼近了电网的高墙。刚刚入睡的日本兵，被八路军的枪声和手榴弹爆炸声吓得不知所措，盲目地朝四下放枪。2连战士为了防止电击，用篮球胆裹着的双手，举起铡刀砍断电网，冲进了矿区，为后续部队的进攻开辟了一条道路，战斗进展得十分顺利。

然而，在夺取新矿的中心碉堡时，却遇到了麻烦。新矿的中心碉堡高十数米，堡墙极厚，不容易炸毁。更让人恼火的是碉堡上下，修有好几排射击孔，每个射孔都很小，即使接近到跟前，炸药包也投不进去。攻克它的唯一的办法，就是砍断碉堡周围的铁丝网，组织爆破队，把足够量的炸药堆放在碉堡的墙体上，强行爆破。

战士们同仇敌忾，冒着敌人的炮火，向碉堡发起一次又一次猛烈的攻击，但都没有取得进展。看着一个又一个战友倒下去，更激起战士们的强烈怒火。后续的战士们踏着战友们的尸体，英勇地向碉堡发起了一次又一次进攻。

黎明时分，完成牵制任务的3连连长沈万玉，带领着全连赶来参加攻打中心碉堡的战斗。沈万玉连长带领着爆破队，冒着敌人密集的子弹，向碉堡发起了新的攻势。战士们前仆后继，终于接近了碉堡，用炸药把碉保的墙炸裂了。战士们迅速冲进墙内，与日本鬼子展开了肉搏战。激战至天光大亮，终于将残敌全部歼灭，这个最顽固的堡垒终于拿了下来。

这是人民的胜利

在聂荣臻的指挥下，八路军战士们英勇作战，不怕牺牲，经过顽强的战斗，终于攻克了井陉煤矿，使这座百年老矿又回到了人民的手里。

这次战斗取得了预期的战果。因为在战斗打响之前，聂荣臻就曾经向参战部队的指挥员做出过明确指示。大意是说这次战斗的主要任务，就是破坏敌人的矿山设施，歼灭敌人的完备力量。至于战斗后缴获的物资，能带走的尽量带走，带不走的就地销毁。

当拿下井陉煤矿后，冲进矿区里的八路军战士们，也是按照聂荣臻的指示执行的。最先冲进矿区的八路军战士，见里边还存放着100多吨的煤，便倒上汽油，将其全部焚毁。鬼子的东西，有用的就

八路军首长向被俘的日军士兵训话

拿走，没有用或一时拿不走的，就全部毁坏掉。此次袭击共计毁坏大绞车两台、水滤大发动机3台、炼钢炉15个、风车5座、抽水机10台。据被俘的日本工程师说，仅此一矿，损失就超过一亿日元，即使运来全套的机械设备重新组装，复工也至少需要半年时间。

井陉煤矿战斗的胜利，是人民的胜利。之所以这样说，除了八路军本身就是人民子弟兵这个重要因素外，更值得称道的是这次战斗得到了井陉煤矿广大工人群众的大力协助和支持。战斗打响后，井陉煤矿的游击队员和矿工们，就在第一时间拉了电闸，熄灭了矿区里的所有照明，使矿区陷入一片黑暗。敌人的通信联络，也由于电线都被割断而成了摆设。电源突然中断，电机停止运行，致使矿井里的积水迅猛上升，把矿井顿时淹没。仅是抽水一项，也需要半年六个月的时间。

更为让人兴奋的是井陉煤矿战斗的胜利，不仅解放了3000多被奴役的矿工，而且有力地壮大了八路军的队伍。常年在矿井下过着暗无天日岁月的矿工们，被八路军解放出来后，无不欢欣鼓舞，流下了激动的眼泪。矿井虽然回到了自己的手中，但日本鬼子还没有离开我们的土地，优质的煤炭资源，一时还不能开发，赶走侵略者才是最要紧的事情。于是，井陉煤矿的3000多名矿工，义无反顾地加入了八路军的行列。

井陉煤矿战斗胜利后，聂荣臻立即向毛泽东、朱德、彭德怀、左权等党中央领导和八路军总部致电进行了汇报，中央和八路军总部的领导对井陉煤矿破袭战的胜利，予以了高度评价。朱总司令说："在经济战中，这是中国的一个胜利！在经济战中，尤其有它特别的意义。"在中国抗日战争的史册上，会永远铭记这次胜利。这是人民的胜利！

第六章　大战再掀高潮　决胜涞灵战役

要盘点百团大战在河北的辉煌战绩，就不能不说一说在涞源和灵丘发起的战役。这个战役，军史上也称为涞灵战役。

调 集 重 兵

1940年9月22日，在百团大战打响一个月后，晋察冀军区以8个团、3个游击支队和2个独立营，组成左、右翼队和预备队，在涞源和灵丘一带发起了涞（源）灵（丘）战役，对该地区的日军独立混

涞灵战役的地形地貌

成第2旅团及伪军各一部，发动了主动进攻。

涞灵地区地处晋察冀三省边界，一道古老的长城蜿蜒其间。深入晋察冀边区的西北部，战略地位十分重要。因此，敌我双方对此地的争夺也十分激烈。

自黄土岭战斗中，日军独立混成第2旅团旅团长阿部规秀中将被击毙后，新任旅团长人见与一中将，一直怀恨在心，急切地想为前任报仇雪恨。人见与一上任之后，便立即派张家口驻军，深入到我抗日根据地内部，在涞源县城周围及其通往蔚县、宣化公路上的插箭岭、三甲村、中庄、上庄、东团堡、白石口、张家峪、王喜洞、曹沟堡、北口、留家庄、辛庄、北头、刘家嘴等村镇，设立了一个又一个据点，妄图围困住我八路军的生存空间，限制八路军的活动范围。

在涞源和灵丘及其附近驻守的，有日军独立混成第2旅团、第26师团各一部，共1500余人，另有伪军1000余人。八路军在对正太路进行大破袭后，日本蒙疆驻屯军大为惊慌，急忙向各据点调兵遣将，增加兵力，妄图增强守卫力量。其中涞源城已增加到500人左右，东团堡、白石口等较大据点里也都驻扎了近百人。同时，日军还抓紧抢修、加固工事，储备粮弹，如惊弓之鸟，一日数惊，高度警惕，戒备森严，大大减少了八路军突袭的机会。驻大同的日军第26师团，也用一部分兵力，把魔爪伸向我边区，派兵占领了灵丘、广灵、南坡头等地。晋察冀军区调集重兵，组织发起涞灵战役，其战略意图就是拔除敌人的据点，斩断魔爪，建立更加稳固的抗日敌后根据地。

百团大战进行到第二阶段后，八路军总部下达给晋察冀军区的作战任务是："以开展边区西北方面工作为目的，应集结主力破坏涞源、灵丘之公路并夺取该两县城（主要是涞源），并以有力部队在同蒲路东侧积极配合120师之作战。"

　　为了确保完成总部交给的任务，聂荣臻考虑到同时向涞源、灵丘两点出击，力量不够用，便决定首先将主力使用在涞源方向，夺取涞源县城，拔掉附近据点。在取得阶段性胜利后，再转移攻势于灵丘地区，相机攻取灵丘城及附近据点，打开边区的西北地区，以便同晋西北和平西抗日根据地连成一片。

一 切 就 绪

　　9月17日，聂荣臻和军区参谋长聂鹤亭、副参谋长唐延杰，向各参战部队发出《军区作战命令》，对战局进行了部署，并对各参战部队分配了任务。具体是：以第1团、第2团、第3团、第20团、第25团共5个团及游击队第1支队、第3支队、第1军分区特务营，军区骑兵第1团的1个营，共计1.5万人，组成右翼队，指挥员是杨成武。任务是在战役初期夺取涞源及其附近据点，打敌增援，而后视情况转移攻势于灵丘外围，协助左翼队相机夺取灵丘；以第6团、第26团和察绥游击支队，共约5000人，组成左翼队，在战役初期阻敌增援，以有利于转移攻势，夺取灵丘及其附近据点。此外，以冀热察挺进军平西军分区第9团，袭击桃花堡及其附近据点，随时准备打击向蔚县、涞源增援之敌；以第2军分区第4团活动于五台地区，钳制向灵丘增援之敌。同时，命令冀中军区除以主力一部配合冀南军区破击沧石、德石铁路，另以一部袭击北宁、津浦铁路外，组织民兵在任（丘）、河（间）、大（城）、肃（宁）活动，以钳制驻冀中日军，使其不得西援。

　　杨成武在接到八路军总部和军区的作战命令后，立即派一分区侦察科长姜洪照，带人到涞灵一带进行侦察。通过侦察得知，日军早在八路军大举进攻正太路时，就已经开始警觉起来，在各据点相继增加了兵力。仅涞源县城，就增加到了500多人，并纷纷加固工事，储备粮食，严加警戒。

掌握到这些情况，杨成武心里边有了数。他带着三分区第2团和一分区第3团，从井陉返回一分区，略作休整后，便向涞源方向进发。根据

八路军参战部队向预定地点集结

涞源的敌情，经研究并报军区批准，杨成武决定由一分区第1团攻打涞源城，三分区第2团攻打三甲村，一分区第3团攻打东团堡。

任务下达后，各参战部队积极进行战前准备，并进入各自的攻击地域。团、营、连干部，迅速展开战场勘察，仔细观察了攻击目标的位置和地形，侦察了日军的兵力配置和据点设施。由于杨成武曾在涞源城和三甲村住过，此前也到东团堡看过地形，所以对这一带的地形地貌已经了然于胸，不用看地图就能准确知道方位并能指挥作战。他把前方指挥所，设在距三甲村很近的一座内长城的烽火台上，不用望远镜就能直接观察到三处主要战场中的涞源城和三甲村，位置很是理想。

9月22日，战前准备一切就绪，各参战部队进入临战状态，等待战役发起之时的到来。然而，这天上午却发生了一个意外。

晋察冀第一军分区当天出版的机关报《抗敌报》，在一篇社论中将我八路军第二阶段的全部作战意图都刊登了出来。这一突如其来的严重泄密事件，造成分区乃至军区的一度紧张。幸好《抗敌报》是一份发行量和发行范围都十分有限的小报，而且杨成武、聂

荣臻及时采取了许多必要的弥补措施，加上根据地军民的保密意识比较强，所以泄密事件才没有引起敌人的注意，也没有带来严重影响。大战仍按原计划准时发起。

勇歼顽敌

当晚10时，杨成武在他的指挥所发出了进攻的命令，涞灵战役打响了。巧合的是这场战役发起的时间，和百团大战发起的时间，都是晚上10时。

三个战场，打得都非常顽强。担任攻击涞源任务的第一分区第1团，在涞源城下与日军展开的战斗极其惨烈。在日军猛烈火力的压制下，八路军战士怀着必胜的信念，克服重重艰难险阻，一步一步向敌人逼近。第三分区第2团，用炮火猛轰三甲村东山上的敌堡，扫除了进攻的障碍。战士们冒着敌人的枪林弹雨，奋力劈开一道道铁丝网，跨过一道道外壕，向敌堡发起攻击。第一分区第3团也发起了多次冲锋，直逼东团堡的敌寇。

经过一夜激战，一分区第1团攻占了涞源城东关、西关和南关。虽然夺取了很多阵地，但大部分日军并未被消灭，龟缩进了城内防守。1团指战员们继续冲杀，曾一度攻入城内的西北隅。不料这时原驻扎在城北金家井的日军，惧怕孤军被歼，也迅速地撤退到城内，使城内敌军力量迅速增强。为避免腹背受敌，第1团于黎明之前，主动退到了城外。

第三分区第2团在敌人密集的弹雨中劈开铁丝网，跨过外壕，攻占了东山上的一个堡垒。攻占中庄的部队也占领了村庄的大部。但因敌人固守与连续猛烈反击，被迫退出。而对插箭岭的攻击未能奏效。第一分区3团起初进展顺利，很快拿下了东团堡外围据点，但在攻击敌人的主碉堡时，由于敌人大量施放毒气，造成不少战士中毒，只好暂时撤出阵地。攻打上庄据点的3团1营，曾夺得敌人一座堡垒，敌人马上连续发动几次反扑，1营奋力抗击，终因伤亡过重，不得不后撤。攻击白石口的游击第3支队，攻击曹沟堡的第20团，攻击王喜洞、张家峪的第25团，虽然有的夺取了日军堡垒，有的冲进了村庄，但都因日军火力太强或施放毒气而未能得手。有的只好撤退，有的与敌形成对峙。配合涞源战斗的挺进第9团，分多路同时向蔚县以东的桃花堡、吉家庄、白乐站、大丁寺、倒拉嘴、石门子等地出击，并攻克了桃花堡、白乐站和吉家庄三个日军据点。第6团攻克了北口，特务营占领了辛庄。

杨成武通宵都没合眼，密切关注着整个战局。由于不能直接观察到东团堡的情况，他拿起电话，找到第3团团长邱蔚，急切地问："邱蔚，怎么样？东团堡还没拿下来吗？东团堡等几个据点不拔掉，涞源城就很难拿下来，明白吗？"

"明白！司令员。日本鬼子施放毒气，很多战士中毒了！现在正在采取防护措施，准备继续攻击。"邱蔚回答。

杨成武进一步提醒邱蔚说。"你们要注意，东团堡的守军几乎全是士官，经过严格训练，作战经验丰富，对付他们，不能光靠硬打硬拼，要多动点脑子，多出点奇招！"

随后，杨成武又分别给1团代理团长宋玉琳、2团团长肖思明打了电话。他要求1团坚决顶住敌人的反击，不要放弃已经占领的阵地，但也不要死啃硬骨头，部队应一边监视敌人，一边在原地略作休整，待养精蓄锐进一步调整部署以后，再发动进攻。

杨成武通过认真观察和思考战斗发展的态势，开始认识到，战前对敌侦察还欠周密，对敌人的兵力估计不足。譬如，涞源全县驻有日军1个分队以上的据点就有11个，其中右翼队主要攻取的目标，涞源城里约有2个中队、东团堡1个中队、插箭岭1个中队、三甲村驻有不到一个中队。合计起来就是差不多五个中队，敌人的兵力明显

胜利后扛着战利品的八路军战士

占优势。攻击涞源城、东团堡、三甲村的部队，虽然都是晋察冀军区的主力部队，但日军凭借坚固的工事和先进的武器，死守据点，给八路军的攻击行动带来极大的困难。

找到了问题的症结，杨成武立即和其他几位领导同志进行磋商。大家一致认为，进攻受挫的主要原因是日军兵力过大，而我军兵力过于分散。要想争取主动，就应该按照"集中优势兵力各个击破"的方针，以一部兵力监视城内敌人，集中主要力量，以迅猛的攻势，先扫除周围各据点，然后再进攻涞源城。

杨成武他们的意见，很快得到了上级首长的支持。

得到军区的批准后，杨成武立即命令第一分区第1团暂停对涞源的强攻，抽调1个营及炮兵，配备给三分区第2团，以加强对三甲村的攻击力度。其余部队，则继续监视涞源城里的敌人。

根据新的计划，第2团团长肖思明部署好第一、第二梯队，并将支援火力集中于敌人薄弱部位后，即命突击部队秘密向该部位集结，在火力掩护下强行袭击。为了尽快拿下三甲村，杨成武又给肖思明送去了一门只有3发炮弹的山炮。

肖思明令战士们将山炮抬上碉堡后，即命炮手瞄准日军的东山碉堡轰了两炮。由于这门炮是缴获来的，虽然能打出炮弹，但没有瞄准镜，炮手瞄了又瞄，但炮弹还是没有落到敌人的碉堡上。正当大家正在惋惜时，不想出现了意外的一幕。那炮弹虽然没有击中碉堡，但炮火巨大的轰鸣声，却将碉堡里的敌人吓得跑出来了。只见那些受了惊吓的鬼子，慌不择路地向涞源城方向逃窜而去。

看到这种情况，肖思明大喜，不失时机地急令1营长带领战士们冲了上去，很快就占领了东山碉堡。

黄昏时分，第1团第3营在暮色的掩护下，悄悄地离开攻击涞源城的阵地，涉过拒马河，快速赶到三甲村，和第2团一起将三甲村的日军团团围住。第1团3营副营长张英辉，带领3个连包围了一座筑有碉堡的小山。他们使用铡刀劈开了铁丝网，一步步地向敌人的碉堡靠近。当到了预定位置后，战士们一起将手榴弹朝一个碉堡里猛扔，把碉堡炸开了一个口子。

三甲村的日军垂死挣扎，躲在碉堡内从枪眼里向外射击。第2团一名叫隋志任的班长冲了上去，一使劲，把敌人一支三八步枪拔了出来。在第2团和第1团3营的猛烈攻击下，日军死的死，伤的伤，损失很惨重。经过通宵激战，守备三甲村的150多名日军，除20多名被生俘外，其余全部被歼。50多名伪军，见大势已去，也只好举手投降。

敌人为了挽回败局，24日上午，在飞机、火炮的掩护下，涞源城里的200多名鬼子，由西向东向三甲村扑来。但他们哪里知道，三甲村早已被我军占领。他们这时候前来，只能给先死去的鬼子陪葬。

看到敌人快接近村子时，肖思明指挥第2团和第1团第3营一齐开火，走在前头的日军，还没有弄清是怎么回事便都纷纷倒下，做了异乡野鬼。跟在后边的日军，愣了一下神，一下子惊醒过来，哪里还顾得上反抗，慌忙掉头就跑。

过了不长时间，逃窜的日军士兵又被他们的长官驱赶着回过头来，再一次向我阵地开始了反扑。但这一次他们失败得更惨，又留下一大堆尸体，掉头逃了回去。

就这样，敌人像一群受了惊的牲畜，一会儿被赶过来，一会儿被轰过去。经过几个来回，日军除了伤亡的人数不断增加外，没能前进半步。在连续的失败后，残余的日军也只好放弃了图谋，灰溜溜地退回了涞源城。

三甲村战斗就这样结束了。村民们闻此消息，无不欢呼雀跃。指战员们的英勇无畏和高尚情怀，引得180多名青年当即报名参加了八路军。

就在三甲村激战的同时，其他部队也都完成了他们的战斗任务。第1团一部攻占了北头，歼灭了大部分守敌，残敌逃回涞源城。游击第3支队占领了白石口，歼敌一部，其余之敌退回到了插箭岭。遭受攻击后的中庄、王喜洞之敌，如惊弓之鸟，我军刚发起攻击，两个据点里的敌人便仓皇突围，狼狈而逃。第25团的第3营，攻克刘家嘴据点也取得成功，除消灭敌人大部外，残敌也向涞源城逃窜。至此，百团大战第二阶段的涞灵战役，画上了一个完美的句号。

第七章 冀中平原庄稼汉 开展神秘地道战

同学们，当你读了前面几章，会不会觉得抗击日本侵略者，全部都是正规部队的事啊？其实不是的，战争更伟大的力量源泉，还是在人民群众之中。抗日战争的胜利，最根本的是人民战争的胜利。正面战场的抵抗虽然十分重要，但如果没有广大人民群众的参与和支持，要想取得战争的胜利，也是不可能的。人民，只有人民，才是推动历史前进的动力。人民，也只有人民，才是夺取抗日战争胜利的根本力量。只有动员起千千万万的人民，才能筑起抵御外敌侵略的铜墙铁壁。

在整个抗日战争中，无论是在东北的林海雪原，还是在广袤的华北平原上，抑或是在江南的水乡泽国，老百姓抗日的精彩故事很多，咱们就先从冀中平原上的地道战说起吧。

在战争中学习战争

1941年秋天，冀中平原的抗日斗争进入到了最困难的阶段。日本侵略者为了挽救他们失败的命运，对我冀中的城镇和村庄，进行了一波又一波的残酷"扫荡"。他们所到之处，疯狂地实行"杀光、烧光、抢光"政策，美丽富饶的大平原，一时间村村有坟头，户户有哭声，变成了人间地狱。

冀中人民抗日武装，为了保护广大的人民群众，除了长期坚持平原游击战外，开始挖掘和利用地道对日寇进行斗争。这年的冬天下第一场雪后，清苑县冉庄村的民兵们，先在自己的家中挖了单口隐蔽洞，老百姓也叫蛤蟆蹲，一旦敌人来了之后，便跳到里边躲藏起来。起初几次还真是管用，有惊无险地躲过了鬼子。但日本鬼子几次扑空后，便加强了搜查的力度，民兵们挖的那些简单的蛤蟆蹲，很快遭到日伪军的破坏。

一望无际的冀中大平原

民兵们认真总结了教训后，把单口的隐蔽洞，进一步改造成能进能出的双口隐蔽地道，当敌人发现了一个洞口后，还能从另外一个出口逃跑。这样虽然增加了逃生的机会，但只能防守，不能进攻，更不能有效地进行战斗，没有多长时间，多数地道又遭到了敌人的破坏。

1942年夏季反"扫荡"开始后，中共冀中区委和冀中军区发出通知，号召冀中人民普遍开展挖地道的活动，并对地道的构造进行指导，不断改进和完善，逐步形成了户户相通、村村相连，既能隐蔽、转移，又便于作战、出击，形成了能藏能打的地道网络，成为长期坚持冀中平原抗日斗争的坚强地下堡垒。在村村都建筑地下城墙的热潮中，清苑县冉庄民兵创造的地道，最具显著特色。

冉庄的地道，共有4条主要干线、24条支线。村内户户相通，家家相连。而且，向外可通往孙庄、姜庄、隋家坟、河坡等村，全长

30余里。这村的地道，一般宽1米、高1.5米，顶部土厚2米以上。地道内设有瞭望孔、射击孔、通气孔、陷阱、活动翻板、指路牌、水井、储粮室等，更便于对敌开展军事斗争。

冉庄民兵依托地道，采取灵活机动的战术，在多次战斗中给日伪军以沉重的打击。1943年1月7日，30多名日伪军进村抢掠，冉庄民兵利用地道进行作战，毙伤4人。

1945年4月1日，日伪军500余人向冉庄发动进攻。仅20余人的冉庄民

四通八达的冉庄地道

兵，利用地道进行作战，毙伤日伪军13人，逼迫敌人撤出了村庄。

在连连失败后，驻保定的日本侵略者恼羞成怒，于6月下旬的一天，纠结日伪军千余人，再次向冉庄进犯。

冉庄民兵先在村边进行阻击，而后迅速转入地道，通过瞭望孔，观察到一群敌人冲到村东，企图破坏地堡工事，便当即拉响了地雷，炸死日伪军数人。

与此同时，村北老母庙、南口地平堡、东街碾子堡和十字街的民兵，也都纷纷从暗室和高房工事等向日伪军开始射击。经数小时激战，击毙击伤来犯的敌人29人，而自己却无一伤亡。没有占到一点便宜的鬼子，只好又一次灰溜溜地被迫撤了回去。

23日，日伪军又调集2000余人的兵力，再次进犯冉庄。先用迫击炮向村内猛烈轰击，随后，大批步兵迅速向村内冲击。不想这些鬼子进至村口时，踏响了民兵用水壶、铁桶等就便器材制造的地雷，炸死了数名日军。

日伪军在指挥官的强迫下，好不容易攻进了村子里，却扑了一个空。只见村子里空空荡荡，连个人影也没有。于是，便东冲西撞，盲目射击。

一群伪军刚进至东街，其中一名伪团长就被小庙工事里的民兵击毙。一名伪军想去拖拽尸体，不想一颗子弹飞来，他的脑袋也开了花。当大批日伪军进入村北布雷区后，守候在暗室里的5名民兵，立即同时拉响了11颗地雷，炸死炸伤日伪军多人。接着，民兵又用步枪，一枪一个地击毙日伪军10余人。

遭到打击后，日伪军乱作一团，分头向四处溃逃。

过了半个小时后，20余名伪军，探头探地想前来收尸。不想原来的死尸没有收走，又被民兵拉响的地雷炸死了5人。

经过近一天的激战，冉庄民兵仅以轻伤1人的代价，毙死毙伤日伪军33人，又一次打退了日伪军的进攻。

从1942年至抗日战争胜利，冉庄民兵共进行地道战11次，毙死毙伤日伪军96人，并缴获许多武器、弹药和其他军用物资。这些一手拿锄头一手拿步枪的农民，在战争中学会了战争，用智慧保卫了家乡。

冀中平原的地道战，是中国共产党领导的冀中平原抗日军民的一个创造，是坚持平原游击战争的一种有效的作战形式。

堆土借弹的故事

说起冉庄地道战，精彩的故事可多了。《三国演义》里有草船借箭的故事，够传奇的吧？可和冉庄村民们创造的"堆土借弹"比起来，也就算不上什么了。草船借箭，毕竟还得借着大雾的掩护。而冉庄老百姓却在光天化日之下，仅仅堆起了几个土堆子，就把子弹从鬼子的手里借来了。你说神奇不神奇？

那是1945年，迷宫一样的地道早已大显神威，打起敌人来要多解气有多解气。可因为环境艰苦，子弹奇缺，不能想打多少就打多少。冉庄民兵爆破组能自己配制火药，制造土地雷、土炸弹，还会做翻火子弹。地道战用的武器弹药，多半都由他们土法炮制。可巧妇难为无米之炊，虽然他们会制造，但缺乏制弹用的材料，这可让他们伤透了脑筋。

县武委会副主任乔军见大家发愁，便说："不是说'没有枪，没有炮，敌人给我们造'嘛，那咱就在鬼子的身上想办法啊！"

乔军的话提醒了爆破组长梁连恒，他突然想到了草船借箭的故事，于是就想出了一个点子。

6月中旬的一天，梁连恒带领民兵在村北小街道口，用新土堆起来一个大土堆。在村边其他几处险要的地方，也如法炮制，堆起几个大土堆来。他的目的就是引诱敌人来打枪。

这个看来不起眼的碾子，就布满了射击的枪口

没过几天，来了大约一个连的敌人到冉庄骚扰。敌人看到那几个新堆起来的大土堆，以为是新建起来的地堡，于是，便对这几个土堆发起了猛烈的进攻。一个连的兵力，一齐向土堆射击起来，子弹像蝗虫一样，密密麻麻地往土堆上飞。子弹嗖嗖地呼啸着钻进土堆里，溅起一股股的尘雾，随着微微的东风弥漫开来。就这样，鬼子热热闹闹地打了一个小时。

敌人走后，梁连恒和他的爆破组立即赶到土堆前，从土堆里拨拉出一大堆子弹头。之后，又到敌人射击的地方，捡回来一大筐子弹壳。爆破组就地取材，往子弹壳里填充上火药，再把弹头重新装上，于是，一颗新子弹就制成了。

采用这样的办法，再加上平时就注重收集，梁连恒他们先后制成翻火子弹6000多发，成功地解决了子弹不足的困难。

手里有了足够的弹药，就不怕敌人猖獗。要说起对鬼子打仗的事儿，最使冉庄人民引为骄傲的，还是1945年6月20日的那次大战。那才叫打出了威风，打出了自豪！

那天，驻保定的伪绥靖集团军司令齐靖宇和清苑县伪县长丛殿墀，协同日本人，带领着大约1000多兵力进攻冉庄。我民兵分别把守在工事里，准备更有效地消灭敌人。敌军走到离村一两千米的地方时，就开始盲目地向村里轰炸扫射。打了半天见没有动静，就开始缓慢地向村庄逼近。他们正小心翼翼地走着，忽然，"轰""轰"几声巨响，埋伏在村北李登山家坟地、姜庄边梁家坟、村东王老黑房西等处的民兵，拉响了早先埋下的地雷。敌人被炸死、炸伤多人。

敌人稍事休整后，又开始了一轮新的进攻。他们仗着火力优势，拆墙过院，扑进村庄。

隐蔽在东口双庙工事内的李明贵、李春久和刘景书等人，找准机会，接连射击敌军。敌人东窜西跑，摸不着头脑，像是没头的苍蝇，到处乱撞。20多个日伪军，押着民夫背着锹镐过来，想破坏地道，高振峰瞄准一个鬼子的头部，扣动了扳机，鬼子的头立即就开了花。慌乱的敌人还没有缓过神来，张丙奎又拉响了一个地雷，又炸死炸伤了几个鬼子。其他的敌人一看不好，吓得纷纷夺路而逃。

张德林拿着一杆汉阳造的小马枪，带着5个爆炸组成员守在北口学校的暗室里。听到近处房上的一个伪军说："集合了，在东北边场口。"又过了一会儿，只见敌人从东边开始向北移动。于是，张德林便用手捅了捅组员们，小声说："鬼子过来了，都准备好。"

见几个鬼子一步步靠近，他们便拉响了几个地雷，接二连三地在敌群中开了花。张德林不等敌人反应过来，又向敌群中打了一阵排子枪。

敌人像被捅了的马蜂窝一样乱撞起来，前头的往北跑，分散着上了房，后边的往南跑，也都上了房。敌人虽然占领了高地，在房上架起了机枪，可找不到目标，瞪着眼干着急，只好胡乱扫射。

张德林向大家说："等着，沉住气，等着拉雷。"不大一会儿，20多个伪军上来拉死尸，民兵们又拉响了两个地雷，四五个敌人闻声倒下，其余都撤了回去。过了半个多小时，敌人才又战战兢兢地来收尸。因为预先埋设的地雷都拉响了，所以便让他们把尸体拉走了。他们拉走了也好，要不然腐烂发臭后污染空气。

这一次战斗，我民兵30余人抗击敌伪两个团的兵力，从早晨一直打到下午5点多，持续了13个小时，杀伤大批敌人。其中有副团长1名，副官1名，连长1名，排长1名，而我方只有1人臂部受轻伤。

地道战创始人张森林

地道战虽然打出了威风，取得了胜利，但也付出了血的代价。当我们今天津津乐道地道战的故事时，不能不怀念那些为取得地道战的胜利而流血牺牲的先烈。张森林同志，就是这样的一位英雄。

抗日烈士张森林，是再庄地道战的创始人之一。1909年，张森林出生于再庄一户农民家庭。1938年春，目睹日寇侵略我中华国土，杀害骨肉同胞，蹂躏大好河山的累累罪行，他义愤填膺，胸中燃起对日本侵略军的仇恨火焰。

1938年，党领导的八路军，深入华北敌后，开辟抗日根据地，建立民主政权。当时，张森林同志任清苑县再庄抗日政权秘书。由于工作积极肯干，这年冬天，区委吸收张森林同志秘密加入中国共产党，成为冉庄第一名共产党员。随着冉庄共产党员人数的增加，成立了冉庄党支部，张森林任第一任党支部书记。

自1938年开始，日寇就不断地来冉庄骚扰。为保护群众，掩藏物资，开展对敌斗争，张森林首先在自己家中挖了一处隐蔽洞，收到很好的效果。1940年秋，张森林调任区委书记兼清苑县大队政委后，他组织冉庄村干部群众，先后挖了用以隐身、藏物、藏粮的秘密洞穴，为后来建设32里长的地道网，奠定了初步基础。

1943年农历三月初五夜间，张森林与县委宣传部的朱信等同志，在耿庄南场一老乡家组织秘密抗日会议。由于汉奸告密，翌日晨、耿庄、义和庄、段庄3个炮楼的敌人紧急出动，将张森林和区委宣传委员黄岳等同志及保定两名爱国青年学生的住所包围起来。张森林机智果断地指挥保定两名爱国青年学生安全脱险，他与黄岳则留下阻击敌人。经过长时间枪战，在子弹几乎用尽的情况下，黄岳饮弹牺牲。张森林突围至李庄时，脚部受伤，他将枪支拆毁扔掉，带着伤坚持突围，但很快被敌人追上。

敌人逼他上汽车，他高喊："誓死不坐敌人的汽车！"

敌人把他先押到耿庄炮楼，后连夜转押至段庄炮楼。日伪军对他软硬兼施，逼他投降。虽然用尽了酷刑，但张森林大义凛然，宁死不屈，充分体现出中国人的民族气节。

张森林在段庄敌炮楼，受尽了酷刑摧残，为中华民族的生存，为祖国的解放事业，洒尽了一腔热血。1943年农历三月初八，张森林同志慷慨就义，时年才34岁。牺牲时，家里尚有年迈的老母、年轻的妻子和一双可怜幼女。张森林牺牲后，冉庄村民高志、高老白等人连夜把张森林的遗体从段庄村外的荒野上运回冉庄村。在清洗他身上的血迹时，从内衣口袋里发现了他写的《就义辞》：

鳞伤遍体做徒囚，

山河未复志未酬。
敌酋逼书归降字，
誓将碧血染春秋。
人去留得英魂在，
唤起民众报国仇！

这诗词慷慨激昂，催人泪下。解放后，诗稿被国家文物专家组定为全国一级革命文物。

冉庄人民把对张森林的无限怀念，化作对敌人的刻骨深仇和抗战到底的坚强决心。一个张森林倒下去，无数个张森林跟上来。冉庄人民不负张森林遗愿，继续和日寇开展地道游击战，创造出了在全民抗战中利用地道神出鬼没杀敌人的奇迹。

第八章　爆炸英雄李混子　巧布地雷敌胆寒

　　说起地雷战，最近有一部名为《地雷战传奇》的电视剧影响很大。与20世纪五六十年代的电影《地雷战》相比，有着异曲同工之妙。但无论是电影，还是电视剧，都有一个让人引起争论的问题，就是地雷战的故事究竟发生在什么地方？如果按电视剧里的情景来看，故事的发生地应该是在山东海阳。电影虽然没有说的那么直接，但里边有一句旁白说，鬼子为了对付民兵的地雷，从青岛请来了一位爆破专家，好像也暗示故事发生在胶东。但故事毕竟是故事，文学作品都是源于生活基础上的再创作，主要看个故事情节就行了。要说起地雷战，我们可以理直气壮而且十分自豪地说，尽管全国各地为了抗日的胜利都开展过地雷战，但真正有名有姓的英雄，却是我们河北新乐人。这位英雄，就是抗日时期被命名为边区爆炸英雄的李混子。

矢 志 报 国

　　李混子，1924年4月25日出生于河北省新乐县北李家庄村的一个贫苦农民家庭。他的父亲李洛凯，仅靠一亩坟地和租种的土地维持生活。尽管终年奔波劳碌，没少流血流汗，但一家人还是不得温饱，过着艰难困苦的生活。当他的儿子出生后，由于对生活和世事的失望，同时又不希望儿子长大后像他这样贫苦，于是给儿子取了个名字叫"穷混"。这样叫着叫着，便就叫成了李混子。

李混子虽然出身贫穷，但脑子却是聪明灵活，尤其是对各种有机巧的新鲜东西，如钟表、农具什么的，都特别感兴趣，总爱问个为什么？对于农村少见的土枪，那就更是着迷。他总是幻想着自

民兵在埋设地雷

己能够有一支枪，因为用枪取代了弓箭，肯定能多打些野兔山鸡什么的。有了那些野物，自然也能当饭吃。虽然没有枪，但也没有难住小混子，他仅靠着一根绳套，就能套住野兔子。用一个弹弓子，就能打死山里的野鸡。只要是动脑筋的事儿，李混子都要变着法儿地试一试。

有一年秋天，李混子和小伙伴们打柴路过地主李洛玄的谷子地，不想被地主家的大儿子李金耀看见了，于是，那家伙便朝着他毫无征兆地打了两枪。虽然没有打着，但那两声震耳的枪响，还有那擦着头皮飞鸣的子弹，着实把他吓得脸色大变，灵魂出窍，得了一场大病。而那个地主崽子，不但不闻不问，还放出话来说，谁要是再从他家的地里过，打死活该。这件刻骨铭心的事儿，在李混子小小的心灵里，播下了对地主老财仇恨的种子。

为了报这一箭之仇，小混子就动起了脑筋，想自己也制造一把手枪。他发动小伙伴们，用烟锅头、白铁片、子弹壳等材料，造起

小火枪来。但经过多次试验，都没有成功。后来，在他父亲的支持下，让小炉匠给制造了一把"线枪"，土名也叫自拉火。手里有了武器，李混子底气足了，无论是锄地耕田，还是打柴割草，便都带在身上。明着说是要打鸽子、吓老鸹，暗地里却瞪着两只眼，寻找着机会找李金耀报那两枪之仇。

对李金耀的报仇的事儿，还没有个了断，更大更可恨更凶恶的敌人来了，李混子的心里燃烧起更大更热烈的仇恨火焰。

1937年7月7日，卢沟桥事变爆发。随后，日军侵华的魔爪由北向南，直指华北大地。日寇的铁蹄踏进北平、天津后，又迅速沿平汉、津浦铁路大举南侵。不久，地处平汉铁路沿线的新乐县城，便沦陷在日寇的铁蹄之下。

李混子耳闻目睹日本侵略者在家乡的烧杀抢掠，不由得咬牙切齿、怒火中烧。他深切地认识到，日本鬼子才是中华民族的最大敌人。他怀着一腔义愤，矢志要雪耻报国。

为了抵抗日寇的侵略，刚满13岁的李混子，便积极参加了抗日活动。由于他工作积极，扎实肯干，很快就担任了北李家庄村抗日先锋队的指导员。他每天都带领着抗日先锋队的队员们上识字班，出操跑步，站岗放哨，把北李家庄的抗日救亡活动搞得十分活跃。在此期间，他还开动脑筋，利用土枪，打过汉奸，盘查出便衣特务。小小少年做出的成绩，受到了上级领导的表扬和鼓励。1938年年底，年仅十五岁的李混子，便光荣地加入了中国共产党。

制造土地雷

在党的培养教育下，经过同敌人多次的实际斗争锻炼，李混子很快地成长起来。

1940年春，李混子作为基层民兵骨干，被选送到县里举办的培训班，专门对火药的使用及爆炸技能进行学习。学习期间，李混子是最认真，也是最刻苦的一个。因为这不仅符合他的兴趣，更重要的是能有效地多杀日本鬼子。

回到村里后，根据支部的意见，他受命研究换子弹底火，造"二槽"子弹。也就是把用过的子弹再进行填装，以便重复使用。

李混子接受任务后，把用过的弹壳都收集起来，经过潜心研究，反复试验，用自己配制的炸药，终于制造成功了"二槽"子弹。经过改造重装的这种子弹，和新的子弹几乎没有什么区别，不仅满足了本村民兵的需要，还支援了邻村的民兵。

1943年7月，李混子再次到县里接受爆炸训练。在这次学习中，他更加虚心地向教员和战友们求教，很快就学会了制造、埋设地雷的技术。回村后不久，他便根据党支部的指示，成立了北李家庄村民兵爆炸小组，并担任小组长。

担任爆破小组长后，李混子就想造地雷。可要造地雷，就必须有足量的炸药。可在这贫穷的农村里，到哪儿去弄那么多的炸药呢？

正当大家为缺少炸药发愁时，一个民兵捡回来一颗没有爆炸的炮弹，放在了李混的面前。李混子看了半天，紧皱的眉头松开了，高兴地说："有这玩意儿咱还发啥愁呢？这没有爆炸的炮弹，里边装着的不就是炸药嘛！只要咱想办法把炸药弄出来，问题不就解决了嘛！"

道理是这个道理，可说起来容易做起来难。拆炮弹，取炸药，既危险，又是个技术含量很高的活儿。不是这方面的专家，那就等于是拿着性命开玩笑。大家一听，便觉得这事儿不靠谱，不是一般的难。

李混子心里十分清楚，拆炮弹这事儿，可真不是闹着玩儿的。这炮弹要是在拆卸的过程中爆炸了，那可不是小事故。于是，他对大家说："拆这种没有爆炸的炮弹，危险性很大。我在县里受过训，还不算是外行，这炮弹还是由我来拆吧。"

说完，他让大家在外面等着，自己抱起炮弹，走进了另一间小屋子里。

过了好长一段时间，也不见李混子出来。大家正心急火燎时，忽然听到"轰"的一声响，随后，一股白烟从屋里冒了出来。这可把大家都吓坏了，一时都惊得呆在了那里，瞪大了眼睛。

又过了一会儿，人们才清醒过来，便慌忙往屋子里跑。当人们拥到门口时，只见李混子正笑呵呵地端着炸药，从里边出来了。大家问是怎么一回事儿，李混子高兴地说："我用一点点炸药试了试，这里边的炸药威力还真不小呢！比咱们自制的黑药可强多了。"

听说是这样，大家才把悬着的心放了下来。

后来，北李家庄的民兵在李混子带领下，运用这种办法，到处寻找没有爆炸的炮弹，解决了炸药不足的难题。他们用从炮弹里掏出来的炸药，制成了许多土地雷，用在了战斗中，取得了理想的效果。在多次阻击日伪军的战斗中，炸得敌人胆战心惊。

炸敌人运输线

新乐县地处冀中平原，北靠平津、西贴太行，距平汉、石太、石德铁路交会处的石家庄仅20千米之遥。更主要的是平汉铁路线，就从新乐通过，因此战略地位十分重要。日军向中国腹地进犯，全靠铁路运输转运兵力、运送战备物资。因此，破坏日军的交通运输线，打乱敌人的战略部署，就成为冀中抗日军民的一项重要任务。

1943年秋，在日本华北方面军司令官冈村宁次的指挥下，日本侵略者纠集起四万多名日、伪军，气势汹汹地向北岳抗日根据地进行疯狂"扫荡"。在这样的背景下，李混子民兵爆炸组接到了上级的任务，要他们利用爆破技术，切断敌人的交通运输线。

接到任务后，李混子既兴奋，又紧张。兴奋的是上级对自己的信任，紧张的是用地雷炸火车，这可是他参加抗日工作以来的第一次，实在是没有经验，更没有把握。但为了完成上级交给的任务，他必须要大胆地试一试。

说干就干！李混子带领着组员们，用没有爆炸的炮弹倒出来的炸药，制成了三颗土地雷，趁着夜色，悄悄摸到铁路上。他们把地雷靠在了铁轨上，然后扯起地雷的拉绳，隐蔽

民兵在铁道上埋设地雷

在路沟里，等待着从远方开过来的火车。不一会儿，一列火车"轰隆轰隆"地开过来了。随着火车越来越近，李混子的心，跳得也越来越快。当火车开到预定的地点后，李混子捅了捅卧在身边的组员，下达了拉雷的命令。

身旁的组员猛地一拉，地雷"轰"的一声炸响了，随之腾起了一股白烟。李混子见状，心里一阵兴奋。地雷没瞎，爆破成功了。可还没有等他笑出声来，脸上的笑意便僵住了。地雷是爆炸了，可却没有炸翻火车。地雷拉响后，那疾速前行的火车，只是略微地震动了一下，又"轰隆轰隆"地开跑了。

第一次炸火车没有成功，李混子的心里十分沮丧。这一急便上了火，牙床子都红肿了起来，一连几顿饭都没吃进去。经过认真思考，终于分析出来了失败的原因：一是地雷的炸药量不足，平时炸敌人的地雷，用作去炸火车，肯定不行。再就是呢，地雷浮搁在铁

轨上，发挥不出威力。

李混子他们在总结第一次失败经验的基础上，从县里弄来两箱黄色炸药，分别制造出了四个特大号地雷，给日寇的火车准备着。李混子信心满满，激动地等待着最佳时机。

日寇前线吃紧，运输繁忙，这样的机会说来就来。就在这年冬季的一个晚上，接到日寇有一列重要的军用列车要从新乐经过的重要情报。李混子和爆炸组的同志们闻讯后，心里十分激动。他们决心要抓住这次机会，一定要把鬼子的火车炸翻。趁着夜幕下浓浓的大雾，他们抬着两颗大地雷，神不知鬼不觉地来到铁路线上。他们首先把两颗大号地雷，细心地埋在了枕木中间，并且用炉灰和石子覆盖伪装好，然后，便隐蔽在铁道旁边的一个土堆后边，耐心地等待着。

时间一分一秒地过去了，敌人的火车还没有出现。眼看着天就要亮了，敌人的火车还来不来呢？就在大家等待得有些失望时，只见不远处一道刺眼的白光划破了夜空，紧接着，一列长长的火车，便"轰隆轰隆"地开了过来。

李混子紧握拉绳，两眼盯着飞驰的列车，就在火车轧上地雷的一刹那，他猛地一拉，随着一声天崩地裂的巨响，那列火车便被炸得七零八落，像僵死的长蛇一样瘫痪在地上。押车的几个日本鬼子，也随着烟尘上了西天。

获得嘉奖

李混子爆炸组用这种方法，多次炸毁敌人的火车，致使日军在新乐段的交通一度陷于瘫痪。为此，日军大为惊恐，他们除了在铁路沿线增加兵力加强巡逻外，还用石灰水浇在路基石子上，每天派巡逻队来回检查，发现疑点立即排除。

敌人采取的严密防范措施，给李混子他们埋设地雷增加了困难。有两次埋雷时，敌人不仅发现了地雷，还顺着绳子摸了上来，差点让鬼子抓住。

眼瞅着日军的铁路运输线又恢复了正常，李混子的心头像被巨石压着一样沉重。为了找到对付敌人的新办法，他几天吃不下饭、睡不着觉。经过反复研究，他和爆炸组的同志们又制造了一种新雷——硫酸雷。这种雷是用一个小瓶装上硫酸，装在地雷里边，只要地雷一歪失去平衡，小瓶子里边的硫酸就会倒出，于是马上就会引起化学反应，引起地雷爆炸。

李混子为检验这种新雷的威力，一天晚上，带领组员先在铁路上埋了几个拉火雷，又埋了一个硫酸雷，为了迷惑敌人，还故意留下了埋雷的痕迹。

天亮时，一伙巡逻的日本鬼子发现了这颗硫酸雷，扒出来后，提心吊胆地把这颗地雷抱回了据点。岗楼上八九个日伪军都围着它左看右看，也看不明白其中的玄机。就在这时，一个敌兵不小心碰倒了地雷，地雷一歪，只听"轰"的一声巨响，把半个屋顶都掀翻了，九个围观的敌兵，自然也被炸得鸡零狗碎，上了西天。

几乎同时，一列火车也正好轧上了李混子他们事先埋好的拉火雷。火车在铁轨上跳了两下，就七扭八歪地滚到了路基下边。

1944年冬天，我军由战略防御转为战略进攻，展开了局部反攻，敌人盘踞的许多据点相继被我攻克。敌人为了垂死挣扎，只得把主要兵力集中到铁路沿线，对铁路的防范越来越严。敌人在铁路两旁挖了二丈多宽、一丈五尺多深的护路沟。沿沟还修了许多炮楼，设专人看守。晚上还强征民夫护路，扬言如果哪一段路出了问题，就要把护路的民夫统统杀掉。敌人满以为这样戒备森严，就可以"万无一失"。但敌人怎么也没有想到，李混子也采取了新的对策。李混子将计就计，带领爆炸组的同志们假扮成"民夫"，假护路，真下雷。这样，不仅可以准确地掌握敌情，还可以自由自在地把地雷埋在要害处，搞得敌人更是坐卧不宁。

经过一段时间的实践，李混子觉察到拉火雷目标太大，人员容易暴露。为了提高效率，避免人员伤亡，他决心制造一种具有自动爆炸装置的地雷。他和同志们从老鼠夹子一触即发的原理中得到了启发，经过反复研究，终于制成了一种能自动引爆的新地雷。这种雷是用一根细细的铁丝拴在道轨上，另一头系在有弹性装置的导火线上，只要火车一轧，切断铁丝，导火线另一端就会利用弹性引起地雷爆炸。他们管这种雷叫作"自触火地雷"。

一天夜里，天黑得伸手不见五指，李混子他们根据情报悄悄地来到铁路上埋好了这种新地雷。天亮后，一支日军巡逻队来回转了半天也没发现疑迹。就在他们刚刚离去时，一列火车"轰隆隆、咣当当"地开过来了。突然一声巨响，这列满载军用物资的火车，被炸得翻在了铁路边的壕沟里。

就这样，李混子和他的爆炸组，在抗日战争中，日夜奋战在平汉铁路大沙河沿线一带，成了一支闻名遐迩的抗日武装力量。他们虽然只有几个人，但其声势和威力却胜过一支强大的部队，为冀中抗日战争的胜利做出了巨大贡献。据当时《冀中导报》报道，李混子爆炸组"仅仅在大反攻后至12月份，即毁敌伪车头七辆，车皮30多节，毙伤日伪军150多名"。在1945年8月晋察冀军区举办的爆炸展览会上，展出了他们制造的各种地雷。军区授予李混子"民兵爆炸英雄"的光荣称号，并奖给他一面锦旗，上面写着"敌人遇见骨碎，火车遇见翻身"的赞誉之辞。除了给予李混子荣誉称号外，李混子爆炸组，也受到了通令嘉奖，并奖给爆炸组一部分弹药费。

李混子后来的故事

日本侵略者投降后，蒋介石阴谋发动内战，国民党军队大批进驻华北。驻扎在平汉线新乐段的国民党反动军队，不断进犯解放区。为配合主力部队消灭国民党反动派，李混子爆炸组又挑起了截断铁路交通、骚扰敌人的重担。

李混子他们在接受了新的任务后，平汉路多次被炸断，火车连续被炸翻。为了保障运输，狡猾的敌人便改变了列车的编组方式，他们把火车头夹在中间，前顶后拉。这样，即便碰上地雷，也只能炸坏几节空车皮，对火车头和后边装有物资的车厢毫无影响。

在一段时间里，李混子他们几次炸车，都只炸毁几节车厢，炸不着车头。为了解决这一问题，李混子躲在铁路边上的庄稼地里，接连观察了两昼夜。终于把问题找出来了。原来都是车头前面顶七八节车厢，最前面两节是空的。

可问题怎么解决呢？回村后，李混子左思右想，终于从一件事儿上得到了启发。有一回，鬼子的一辆拉着满是爆炸器材的火车，把一截通过铁路的地道轧塌了。混子想，要是想办法造一种在较大压力下才能起爆的地雷，躲过空车皮问题不就解决了嘛！李混子高兴地把这种想法告诉了大家。同志们也都开了窍，纷纷献计献策，对方案进行了补充和完善。经过两天两夜的奋战，终于造出了一种新式地雷——"轧发雷"。埋设这种雷，无论车头在列车的任何位置，只要火车头轧上，就会立即爆炸。

就这样，李混子和他的爆炸组，在人民群众的掩护下，来无影去无踪，神出鬼没地活跃在铁路线上，把敌人炸得晕头转向，闻风丧胆。敌人一听到"李混子""地雷"，就精神紧张，失魂落魄。

为了消灭李混子他们，敌人气急败坏地贴出了布告，上面写着："李混子要悬崖勒马，停止与国军为敌……否则，缉至枭首，诛灭亲族。"另一处贴着"有捉住李混子到案者，赏洋三百万元"。

对此，李混子没有退缩，而是以实际行动回答了敌人。一天夜里，他带领几个民兵深入到三里铺敌人据点，在敌人张贴的布告旁边掏了个洞，安上了一颗地雷，外面贴了张大红纸，上写七个大字："李混子就在此处。"

第二天一早，国军连长带领十几名士兵出来巡逻，看见这张大红标语，气急败坏地伸手去撕。只听得"轰"的一声巨响，敌连长的脑袋就被炸到半空去了。其余的十几名士兵，也都跟着丧了命。

1946年6月，国民党当地驻军为了确保铁路运输的畅通无阻，妄图扫平北李家庄，彻底消灭李混子爆炸组。新乐县的逃亡地主李洛玄，带领着"还乡团"，协同国民党第53军7师21团1500人，对北李家庄进行"围剿"。出发前，敌团长还带着几分醉意说："当年关云长温酒斩华雄，我黄某不才，纵不能温酒擒李混子，三个小时也足够用了。"

就在这个家伙大吹牛皮的时候，北李家庄在党支部统一领导下，早已做好了战斗准备。从头天早晨6点一直到晚上9点，李混子带领他的爆炸组和全村群众，在村里村外大摆地雷阵，巧布地雷1000多个，同时还修筑了两个街口碉堡和一个中心岗楼。一切准备就绪，"恭候"敌团长"光临"。

第二天上午10点，敌团长带领他的大队人马，兵分三路向北李家庄扑来。埋伏在村南的民兵，待正面冲进来的一路敌兵进入伏击圈后，立即连打两个排子枪，当场撂倒了五六个敌人。

敌连长又指挥队伍抢占左边的坟地，却又踏响了"子母雷"，正面进攻失败。这时，敌团长不服气，亲自前来督战。民兵们避实就虚，迅速撤回村里，进入高房、地道、暗堡。

跟上来的敌人，又踏响了十几颗地雷，命丧黄泉。村东那股子敌人也陷入了地雷阵中。

村西的敌人被民兵的冷枪打倒了好几个，仍不死心，硬着头皮往前冲。当敌人冲过第一道地雷封锁线时，民兵们没理他们，来到第二道封锁线时，武委会主任李振山，不慌不忙地拉了弦，五六个敌人应声倒下。剩下的敌人连滚带爬往回跑，不想第一道封锁线上的地雷又拉响了，报销了好几个。

这次战斗，从上午10点一直打到黄昏，炸死打死敌人30多人，炸伤打伤的，就更多了。敌人"围剿"北李家庄的阴谋，遭到了彻底失败。

这次战斗的胜利消息很快传遍了周围各村，人们欢欣鼓舞，为北李家庄村民兵编了首歌谣：

> 北李家庄真排场，
> 枣儿树上挂"铃铛"，
> 庄里村外种上了"铁西瓜"，
> 咱给敌人备下了好"干粮"，
> 城里敌人来赴宴，
> 吃饱喝足棺材里装。

战斗结束后，冀中区党委及时总结了北李家庄村的对敌斗争经验，号召全区向李混子和他的爆炸组学习，开展"李混子爆炸运动"。在冀中区党委的号召下，广阔的冀中平原变成了雷山雷海，炸得敌人心惊胆战，寸步难行。

然而，正当冀中各地爆炸运动蓬勃开展之际，不幸的事情发生了。

1946年12月8日晚，大雪纷飞，天寒地冻。北李家庄民兵接到县武委会的通知："新乐城里的敌人有出动的迹象，望多加戒备。"

李混子同往常一样带领大家在各处理好了地雷，然后对大家说："大家出入可要小心，房上也布满了雷，摸不清情况的不要随便上房。"

此时，风越刮越大，李混子提枪上房，想检查布雷情况。不料，被风吹起的棉袍，挂响了他身边的一颗地雷，李混子应声倒下，腹部被地雷碎片炸伤。虽经抢救，但终因伤势过重，于1946年12月10日不幸牺牲，年仅22岁。

江河呜咽，草木含悲，人们为失去一位战斗英雄而悲痛万分。中共冀中区委对李混子给予高度评价，称他是"冀中人民的伟大儿子，民兵爆炸英雄，优秀的共产党员。他为人民而死，比泰山还重"。

李混子虽然牺牲了，但他所首创的群众性爆炸运动，却如火如荼地开展起来。全冀中又涌现出了成千上万个李混子式的爆炸能手和爆炸组，他们日夜奋战在平汉路、津浦路、北宁路漫长的战线上。整个冀中平原如同布下天罗地网，到处巨雷轰鸣，炸得敌人寸步难行，有力地配合了主力部队对敌作战，保卫了冀中解放区，为夺取解放战争的最后胜利立下了不朽功勋。

新中国成立后，华北军区决定在石家庄建立华北军区烈士陵园，李混子烈士的遗骨迁进该园，与数百位著名烈士一起安葬在苍松翠柏之中，永远为人民所敬仰。

第九章　神出鬼没雁翎队　芦苇荡中显神威

在抗击日寇侵略的人民战争中，平原上可以开展地道战，山地可以开展地雷战，那么，在烟波浩渺的湖泊里，又怎样打击日本侵略者呢？

有一部电影叫《小兵张嘎》，想必不少人都看过吧。即使你没有看过电影，那你一定看过新近播放的同名电视剧。那碧波荡漾的淀水，无边无际的芦苇，娇艳开放的荷花，以及岸边那挺拔的白杨，就是故事拍摄的外景地。这迷人的景色，再加上生动感人的情节，实在是吸引人、鼓舞人，让人陶醉。而这精彩的故事情节，可不仅仅是作家凭想象编造出来的，它是在真实生活的基础上创作出来的。故事的原型就是在抗日战争期间，活跃在白洋淀上的一支抗日游击队——赫赫有名的雁翎队。那就让我们追随着掠水而过的水鸟，一起去回看当年雁翎队的传奇。

充满诗意的名字

白洋淀辽阔的水域，府河和大清河，两条河流上下贯穿，上通保定，下达天津，不仅荷红柳绿，鱼肥稻香，物产丰富，风光迷人，也是水上交通的重要枢纽，在军事上也具有十分重要的战略位置。淀区面积366平方公里，由大小143个湖泊组成。淀内三分陆地，七分水面，渔村蟹舍之间，港汊交错，芦苇遍布，便于隐蔽、周旋，便于神出鬼没，出奇制胜地消灭敌人，是开展水上游击战的好战场。

芦苇丛生的白洋淀

1939年秋，日本侵略者的铁蹄，占领了安新县城，美丽的家园，变成了人间地狱。仅仅是为了打赌取乐，日本兵竟然把手无寸铁的老百姓当靶子比枪法玩。不少无辜的平民，在日本鬼子的狞笑声里丧失了生命。为强化统治，奴役白洋淀人民，驻守在安新县的日酋龟本以"献铜、献铁"为名，强迫水区猎户交出猎枪、砍刀和大抬杆等武器。为揭露敌人收缴武器的阴谋，奉中共安新县委指示，三区区委书记徐建、区长李刚义在大张庄召集郭里口、王家寨一带的水村猎户，告诫他们不要听鬼子的蛊惑，把武器牢牢地掌握在自己的手里，并动员他们组织起来抗击日本侵略者。

会后，猎人孙革、姜秃、赵保亮和邓如意等20余人，深受鼓舞，于是便组织起来，参加了三区的武装小队。由于这些战士多为打猎世家，不仅对猎枪性能颇为熟悉，而且枪法也好，于是便把这些新入伍的战士，组成了一个班。

他们为了防止猎枪膛内的火药受潮，经常在火眼上插上一支雁翎，也由于他们以往围雁打猎形成的习惯，装载大抬杆的小船在淀面上行驶多呈"人"行，如雁群在空中飞翔，故该班就成了三小队的雁翎班。

几次战斗下来，三小队的雁翎班不仅毫发无损，而且战绩辉煌，于是便引起了县武委的高度重视。随着淀区青年加入三小队的人数不断增多，更考虑到淀区人民抗日的特色，1940年夏，经县委批准，雁翎班从三小队中分出单独扩编，成立了一个单独的作战单位。雁翎队的第一任领导人是：队长陈万，副队长邓如意，指导员刘森。为了加强党对军队的领导，还在队里建立了共产党的组织党支部，赵谦任书记。不久，队伍就扩大到40余人，分成了3个班。为了便于机动作战，扩大后的队伍，还增添了1条4舱船，有28只排子船。武器仍然是打雁用的大抬杆。外加3支手枪和4支冀中造。

队伍成立起来了，可总得有个名字啊！原来叫雁翎班，可随着队伍规模的扩大，再那样叫肯定是不行了。可叫什么名字呢？大家七嘴八舌地吵嚷了半天，也没有吵出来一个合适的名字来。

就在这时，县委书记侯卓夫前来祝贺，在他热情洋溢地讲完话后，大家便请他为新成立的队伍起个名字。

侯卓夫看了看战士们拿着的大抬杆，又看了看枪上插着的那一支雁翎，便笑着说："这名字不是现成的嘛。从前叫雁翎班，现在嘛，就叫雁翎队好啦。"

为了鼓舞战士们的士气，侯书记还说："除了你们的武器经常使用雁翎防水外，你们在水上活动时，'雁排'的行驶队形也像大雁的队形一样，总是按照'人'字形排列。大雁恋故土，就像你们保家卫国。"

就这样，雁翎队正式在白洋淀上诞生了。雁翎队，这个富有诗意的名字，也就镌刻在了抗日战争的史册上。

雁翎队队员们使用的大抬杆枪上，为什么要插上一支雁翎呢？

雁翎队所使用的"大抬杆"枪，是当地的一种土造武器，一般都在两三米以上。说是枪，实际上是一种前膛的土炮，口径在50—100毫米之间，在近距离杀伤力强大。因此，主要放在船上打击敌人。要打枪则要通过火门引发，但小船在水上活动的过程中，火门很容易被水浸湿，而一旦浸湿，大抬杆也就打不响了。在长期的实践中，他们将一支雁翎插在火门上，就达到了防水防雨的目的。县委的侯书记把这支队伍起名叫雁翎队，实在是再恰如其分不过了。

雁翎队成立后，白洋淀上就有了两支水上游击队——三小队和雁翎队。三小队主要在郭里口、下四庄子和赵北口一带的陆地上活动；雁翎队则以大田庄为中心开展抗日斗争。两支部队时分时合，协同作战，在白洋淀上同日军进行顽强的斗争。

伏击日寇巡逻艇

活跃在白洋淀上的雁翎队

雁翎队成立之前，日伪军常从冀中一带以低价强迫收购老百姓的大米、苇箔之类的农副产品，然后装船运往天津、保定等地。常常是日军的汽艇在前面开，后面拖带着一串三五十只大船结队而过。雁翎队成立后，在队长郑少臣的带领下，曾巧妙地乘敌人汽艇拐弯时，截下后面的几只货船。这使敌人十分恼火，便多次开着汽艇在白洋淀上横冲直撞，搜寻截船的雁翎队。

1938年8月的一天下午，雁翎队得到情报：安新县城的20多个鬼子和30多个伪军，分别乘坐两艘巡逻汽艇，到赵北口去运东西，预计下午返回。雁翎队获悉后，一个个摩拳擦掌，一定要叫这些鬼子汉奸有来无回。遂决定，中途打掉这两艘日军汽艇。

为了使这场战斗万无一失，确保胜利，他们对如何伏击敌人，进行了周密的计划。为了迷惑敌人，队员们都装扮成了渔民，划着渔船陆陆续续地进入了一片茂密的芦苇荡。待船停稳后，他们把放在船边上用作伪装的渔网拿开，赫然露出两只胳膊一般粗的钢管。这一条条两三米长，前面略细后面稍粗的金属家伙，就是雁翎队的作战武器，被当地老百姓称为大抬杆的土枪。

8月份的白洋淀，碧波浩渺，芦苇如林，荷花盛开，正是一年中风光绮丽的美好季节。一望无际的荷塘和茂密的芦苇荡，成了雁翎队隐蔽打埋伏的天然屏障。对白洋淀环境了如指掌的雁翎队，很快就把设伏地点选在了李庄子村东。

李庄子在白洋淀大清河水道一侧。大清河流到这里，河宽水深，没有杂草，是敌汽艇和大型船只的必经之路。这块苇塘方圆几十里，芦苇长得不仅高，而且密，小船划进两边的芦苇丛中，就什么也看不见了，很便于隐蔽，是个打伏击的好地方。

战士们在大抬杆里装了比平时更多的火药，铁砂装的也是最大号的。为了达到百发百中的效果，他们仔细地调整小船上"大抬杆"的方向和角度。为了提高发射速度，他们不用药捻，而直接用火药将两个"大抬杆"的引火处连接起来。

他们把大抬杆牢牢地固定在小木船上，然后找到最佳的射击位置，以便扩大杀伤面积。一切准备就绪，队员孙革用火柴点燃了手中的檀香，随时等候着指挥员的开枪命令。大家都在静静地等待，就像以前在等待猎物出现时一样。

太阳偏西时，敌人的汽艇划破平静的水面，"嘟嘟嘟"朝这边驶了过来。狡猾的敌人把两艘船的距离远远地拉开，一前一后，如果出现情况可以互相照应。日军汽艇越来越近，上面架设的机枪都已经看得清清楚楚了。面对敌情，雁翎队的队员们当机立断，决定集中火力先打掉第一只船，并且一定要出奇制胜，速战速决。

伴随着雷鸣般的响声，一束束绿豆般大的铁砂准确地射向敌人。大抬杆有力度啊，打出去的是一桶飞速鸣叫的砂子。打到敌人的身上，非死即伤，肯定逃不出这个劫难。这突如其来的袭击，把敌人打得蒙头转向，还没弄明白是怎么回事，就被报销了一多半，有的倒在了船上，有的中枪后掉到水里去了。最后只剩下了一个扶舵开船的人，也受了伤。

后面的敌船发现情况不对，立刻用机枪和步枪一起开火。糟糕的是雁翎队的大抬杆刚打完，要装火药和铁砂还需要几分钟的时间。此时，雁翎队员们已处于敌人机枪的射程之内，而大抬杆即使再装好药，它的射程也够不着敌人，对敌人形不成威胁。于是，大家便迅速地撤退进了芦苇荡深处。

凭着强大的火力，敌人的汽艇赶了过来，向苇塘里拼命地开枪扫射。打了一阵后，见没有任何动静，敌人便以为雁翎队员们早已被他们打死了。于是，便小心翼翼地进入了芦苇荡。可找了半天，连雁翎队员的人影也没发现。原来，雁翎队员在敌人赶来之前，迅速将鞋放在小船上，并把它推向另一片芦苇地，他们则在高密的芦苇和大片的荷叶掩护下，朝着相反的方向安全撤离了。

永远的水上传奇

自从白洋淀出现了神勇的雁翎队，便使白洋淀的日伪军惶惶不可终日。1941年春，敌人从天津、保定等地调集了大批汽艇、汽船，一起出动，要对雁翎队进行空前的"扫荡"，妄图一举消灭雁翎队。

丧心病狂的日寇，那天一大早，就浩浩荡荡地向白洋淀开展

"扫荡"了。湖面上浮着一层飘忽的雾气，敌人的巡逻艇穿梭般地在淀上横冲直撞。雁翎队的那些小木船，要是和这种马力大，速度快，火力强的机动船遭遇，肯定要吃大亏。别说鬼子的汽艇上还有机枪大炮等重火力了，就是让这些铁家伙狠猛地撞击一下，也要被撞得粉碎。

这些挂着膏药旗的汽艇，看起来气势汹汹不可一世，可雁翎队的队员们却一点都不怕它。因为他们早就得到了情报，把船只都隐藏在芦苇丛中，人也都转移到陆地上去了。

日本鬼子的汽艇，东冲西撞地在白洋淀里搜索了好几天，搜遍了淀里的143个湖泊，也没有找到雁翎队的影子。扑了空的鬼子气急败坏，找不到打仗的对手，便对着空旷的水面胡乱地扫射起来。这样还不解气，就又都上了岸，对陆地上的村子进行疯狂报复。可他们一上岸，就遭到了区三小队的伏击。

吃了亏的敌人醒过神来后，便立即把几路力量集中起来，要与三小队进行决战。又是放枪又是打炮的，忙活了半天，却发现岸上的"雁翎队"又消失得无影无踪了。原来，三小队的战士们，早就通过地道转移了。

日本鬼子"扫荡"了好几天，别说雁翎队了，就连一根雁毛的影子也没有看见，于是，只好偃旗息鼓，鸣金收兵。可还没有缓过气儿来，他们的运输船就又遭到了雁翎队的伏击。

不久，敌人高叫着"平靖湖面"，要向雁翎队复仇。他们砍倒了芦苇，刈割了蒲草，用大批的汽船和木船巡逻湖面；同时在每一只船上高高地竖起了梯凳，设立了瞭望哨，凭靠他们优势的火力，使二百米以外的大小船只不能靠近一步。这时，我们的雁翎队便不得不改变战斗方式，采取更加分散的行动。在散布于白洋淀广阔湖岸，像无数岛屿似的村庄边缘，雁翎队的队员们化装成包着头巾的洗衣妇，或是悠闲的垂钓者，在相隔不远的距离内，默默地工作着。一旦遇到单独的敌船，或其他可乘的时机，便一声呼啸，那些化装分散的雁翎队员们，便很快地从岸边隐藏地里，拔出自己的枪支或马刀，一面用猛烈的火力向敌人射击，一面泅水前进，神不知鬼不觉地游到敌人跟前，将敌人拖进水里，直到完全消灭敌人的抵抗为止。有时候，他们也用嘴衔空心苇秆透换空气的办法，带着武器，作数小时以上的水底埋伏，一遇时机，就突然掀翻敌船，把敌人沉尸湖底。

在整个抗日战争期间，雁翎队打鬼子、端炮楼、锄汉奸、截军船，从1939年成立到1945年配合主力部队解放安新县城，雁翎队由最初的20多人发展到了120多人。在6年多的时间里，与敌军交战70余次，击毙俘获日伪军近千人，缴获步枪800余支、手枪48支、机枪3挺、小炮2门以及难以计数的军需物品。

雁翎队神出鬼没打鬼子的故事，越传越远，越传越神奇。于是，便在白洋淀附近的广大乡村，流传起这样的歌谣：

> 雁翎队，是神兵，
> 来无影，去无踪。
> 千顷苇塘摆战场，
> 抬杆专打鬼子兵。

这首抗日战争期间流传在白洋淀的民谣，记录了雁翎队的神勇，也留给了后人永远的传奇。